EDICIÓN ORIGINAL

Dirección de la colección
Charles-Henri de Boissieu

Dirección editorial
Mathilde Majorel y Thierry Olivaux

Diseño gráfico y maquetación
Jean-Yves Grall

Cartografía
Vincent Landrin

Documentación fotográfica
Frédéric Mazuy

Archivos Larousse
Marie Vorobieff

EDICIÓN ESPAÑOLA

Dirección editorial
Núria Lucena Cayuela

Coordinación editorial
Jordi Induráin Pons

Edición
Laura del Barrio Estévez

Traducción
Isabel Lendínez

Cubierta
Francesc Sala

© 2003 LAROUSSE/VUEF
© 2003 SPES EDITORIAL S.L.,
para la versión española

ISBN: 84-8332-467-9
Impresión: IME (Baume-les-Dames)

Yves Sciama

Especies amenazadas

¿hasta cuándo?

LAROUSSE

Biblioteca Actual

Sumario

✸ Mapas

Prólogo

E n la actualidad, el estudio de la diversidad de los seres vivos y de su evolución global se encuentra apenas en sus primeros pasos. Así, aunque se han descrito alrededor de un millón setecientas mil especies, las estimaciones acerca del número de especies que existen en la Tierra oscilan entre cinco y cien millones.

Estas cifras evidencian que el hombre tiene todavía mucho por descubrir en lo que se refiere a la biodiversidad. En comparación, se puede decir que conocemos con mucha mayor precisión el número de estrellas que forman nuestra galaxia, por ejemplo. Y lo mismo ocurre con otros datos que se manejan en esta obra como el número de especies por medio natural, las especies desaparecidas, las especies amenazadas e incluso el total de especies que poblaron la Tierra en otras épocas.

Este desconocimiento de los seres vivos se explica por dos causas fundamentales. La primera está en relación con la vida en sí misma, material de una gran complejidad, y que está en perpetua reorganización.

La otra razón radica en el resultado de las prioridades que se establecen en el ámbito científico: desde hace más de un siglo, el estudio de los seres vivos y de su clasificación, sin duda porque no es rentable económicamente, ha caído en desgracia y dispone de presupuestos insuficientes.

De estos hechos se desprende que las cifras en materia de biodiversidad sean a menudo imprecisas o controvertidas. En esta obra se ha intentado no abusar de las cifras y utilizarlas de la manera más honesta posible. Se ofrecen las estimaciones más fiables en los casos en que se dispone de ellas.

No obstante, aunque las cantidades sean motivo de polémica, existe total unanimidad en la dirección general tomada por la humanidad: la destrucción vertiginosa de la biodiversidad.

Este proceso, por su amplitud e importancia, constituye el mayor desafío medioambiental del futuro.

 Los arrecifes coralinos son los bosques tropicales del mar. Pero estos formidables refugios de la diversidad biológica están amenazados en la actualidad. Al ritmo actual, la mitad de los arrecifes mundiales habrán desaparecido en 20 años, y con ellos millones de especies animales y vegetales.

Con las especies ocurre como con los especímenes que las componen: nacen, se desarrollan y mueren. Este proceso forma parte del funcionamiento normal de la vida. Sin embargo, todo parece indicar que el ritmo de extinciones se ha acelerado desde hace algunos siglos e incluso decenios. En nuestro planeta está comenzando una fase de extinciones masivas, denominada sexta extinción, que supone al mismo tiempo un cambio y un empobrecimiento de la biosfera. Las consecuencias para las generaciones futuras, todavía difíciles de evaluar, serán inevitablemente muy graves.

Estas iguanas marinas forman parte de la fauna única de las islas Galápagos, amenazada por la contaminación y el desarrollo del turismo.

Nacimiento y muerte de las especies

El nacimiento de las especies

Constantemente aparecen nuevas especies que surgen de las antiguas y se adaptan de manera más eficaz a su medio ambiente. Pero este proceso —la especiación— es muy lento.

De mutación en mutación

El número de especies que habita en la Tierra no ha dejado de aumentar desde la aparición de la vida hace 3,5 mil millones de años. Este incremento ha estado marcado por períodos de extinciones que redujeron, en varias ocasiones, la diversidad de la biosfera. Sin embargo, la tendencia global al aumento del número de especies, que parece ser una pro-

La falena del abedul (*Biston betularia*) es una mariposa cuyo color claro le sirve de camuflaje. Cuando a raíz de la revolución industrial los árboles empezaron a ennegrecerse, los especímenes mutantes de alas negras, raros hasta entonces, comenzaron a proliferar.

piedad de la vida, no se ha visto alterada. Actualmente, la diversidad de los seres vivos en nuestro planeta es mayor que en cualquier otro momento de la historia.

¿Cómo se forma una nueva especie? Este fenómeno se basa en las mutaciones —escasas pero regulares— que se producen de forma aleatoria en los genes de los individuos. La mayor parte de las mutaciones —que se pueden considerar accidentes— resulta perjudicial o inútil. Pero algunas confieren una ventaja a los especímenes en los que se producen pues les permiten sobrevivir más fácilmente, ya sea por ejemplo porque corren más deprisa o porque disponen de un veneno más tóxico o sentidos más agudos que sus congéneres. De este modo, su descendencia es también más numerosa, por lo que heredan dicha mutación, que pasa a generalizarse en una población entera. Si este proceso se repite en un número suficiente de mutaciones con el tiempo aparece una nueva especie claramente diferenciada de la original.

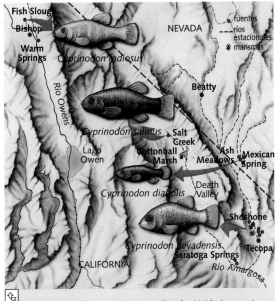

Los peces del desierto de Mojave (Estados Unidos) presentan características propias que diferencian las distintas especies desde hace 10 000 años. Los ríos y los lagos que recorrían la región en el cuaternario fueron reemplazados por el desierto, lo que dio lugar a una gran fragmentación de su hábitat. Así, la especie *Cyprinodon diabolis* ocupa una cuenca de algunos metros cuadrados.

Las adaptaciones se acumulan...

En ocasiones es una especie entera la que sufre una deriva genética, pero por lo general ésta suele afectar a una población limitada. Así, se habla de «especiación alopátrica» cuando una población dada se encuentra aislada geográficamente del resto de la especie. Imaginemos el caso de un gran lago en el que las aguas descendieran de nivel y, a consecuencia de ello, se formaran pequeños lagos periféricos alrededor del lago principal. Normalmente, los peces que se vieran atrapados en este tipo de medio desarrollarían adaptaciones particulares vinculadas a las especificidades del nuevo medio (agua más caliente, poco profunda o de una composición química especial...). Y si, algunos cientos de miles de años más tarde, el nivel del lago se volviera a incrementar, la nueva especie se reencontraría con la «especie madre». Sin embargo, al haberse diferenciado lo suficiente evitaría las hibridaciones susceptibles de hacerle perder sus propias especificaciones.

También se ha observado otro proceso: la «especiación simpátrica». Tomemos como ejemplo una población de insectos que se alimenta de un determinado tipo de planta. Si otras plantas diferentes crecen en las proximidades, algunos insectos pueden equivocarse y «aprender» a sobrevivir desarrollando adaptaciones de sus secreciones digestivas, sus ritmos biológicos, etc. Esta nueva especialización les conduciría entonces a separarlos radicalmente de la población madre, incluso aunque no existiera ninguna barrera geográfica.

Mapa *(páginas siguientes)*

 Desde 1600, se han extinguido 296 especies de vertebrados y 313 especies de invertebrados. Una cifra muy inferior a la realidad, en especial en relación con estos últimos. Las islas se han visto seriamente afectadas por este fenómeno del que el hombre es el gran responsable, y que ya había comenzado antes de la colonización europea. En Europa las extinciones se iniciaron mucho antes, en el neolítico.

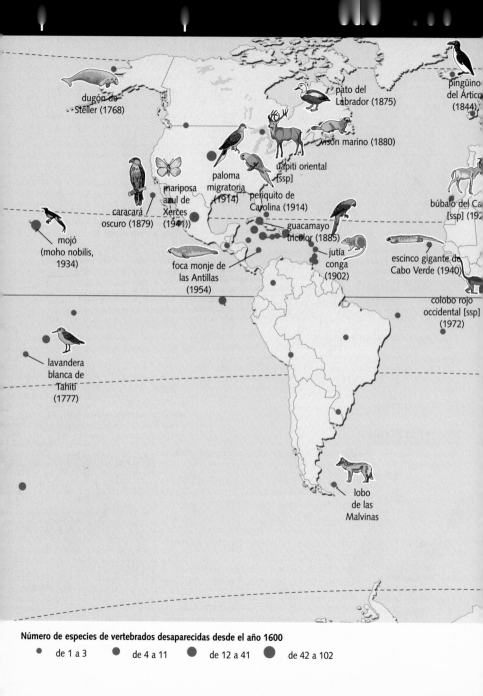

dugón de Steller (1768)

pato del Labrador (1875)

pingüino del Ártico (1844)

visón marino (1880)

uapiti oriental [ssp]

paloma migratoria (1914)

periquito de Carolina (1914)

mariposa azul de Xerces (1941))

caracará oscuro (1879)

búbalo del Ca [ssp] (192

mojó (moho nobilis, 1934)

guacamayo tricolor (1885)

jutía conga (1902)

escinco gigante de Cabo Verde (1940)

foca monje de las Antillas (1954)

colobo rojo occidental [ssp] (1972)

lavandera blanca de Tahití (1777)

lobo de las Malvinas

Número de especies de vertebrados desaparecidas desde el año 1600

• de 1 a 3   ● de 4 a 11   ● de 12 a 41   ● de 42 a 102

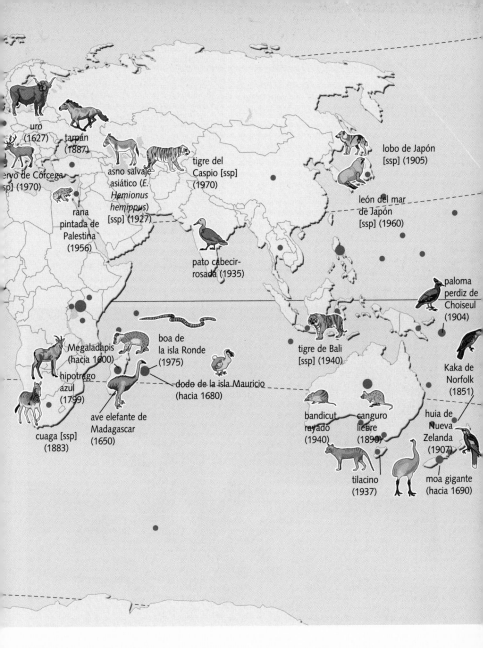

uro
(1627)

tarpán
(T887)

·ervo de Córcega
sp] (1970)

asno salvaje
asiático (*E.
Hemionus
hemippus*)
[ssp] (1927)

rana
pintada de
Palestina
(1956)

tigre del
Caspio [ssp]
(1970)

lobo de Japón
[ssp] (1905)

león del mar
de Japón
[ssp] (1960)

pato cabecir-
rosada (1935)

paloma
perdiz de
Choiseul
(1904)

Megaladapis
(hacia 1600)

boa de
la isla Ronde
(1975)

tigre de Bali
[ssp] (1940)

Kaka de
Norfolk
(1851)

hipotrago
azul
(1799)

dodo de la isla Mauricio
(hacia 1680)

ave elefante de
Madagascar
(1650)

bandicut
rayado
(1940)

canguro
liebre
(1890)

huia de
Nueva
Zelanda
(1907)

cuaga [ssp]
(1883)

tilacino
(1937)

moa gigante
(hacia 1690)

[ssp] : designa una subespecie

La vida: una prodigiosa inventiva

La capacidad de innovación de la vida es extraordinaria, aunque sus «invenciones» son de importancia muy variable. Algunas, verdaderamente revolucionarias, han sido adoptadas y utilizadas por millones de especies. Así por ejemplo, la aparición de vasos conductores de savia o de flores en el reino vegetal cambiaron por completo la fisonomía de la biosfera. Del mismo modo, las alas de los insectos o la aparición de la placenta de los mamíferos fueron innovaciones «históricas» en el reino animal, aunque la mayoría de las innovaciones evolutivas han tenido, sin duda, una apariencia más modesta. Pero ya se trate de una enzima digestiva capaz de degradar una molécula más compleja, de una modificación del desarrollo embrionario para optimizar una articulación, o de una mutación que permita aumentar la resistencia de un cereal al frío, cada perfeccionamiento evolutivo es una proeza de la vida.

Distribución territorial

La aparición de una nueva especie no conlleva necesariamente la desaparición de la precedente. Esta última puede ser expulsada de un medio particular en el que la «especie hija» se encuentra mejor adaptada, y sin embargo conservar el resto de su área de implantación, e incluso la totalidad de su medio si la nueva especie se instala en otro medio. También es posible que dos especies vivan en el mismo medio, ya sea coexistiendo en él o adoptando un distribución geográfica. Otra posibilidad es que, debido a su mejor adaptación la nueva especie haga desaparecer a la antigua.

🔍 **Las antenas plumosas** de las mariposas nocturnas, cubiertas de sensores químicos, explican la extraordinaria capacidad olfativa de estos insectos.

Millones de años para construir un órgano

Esta prodigiosa creatividad de la vida requiere mucho tiempo para manifestarse, incluso si se producen, a veces, períodos de una impresionante aceleración. Las bacterias, por ejemplo, necesitaron casi mil millones de años para rodear su núcleo de una membrana, y aún tuvieron que pasar casi mil millones más para que estas células evolucionadas formaran organismos rudimentarios. Asimismo, el desarrollo de tejidos conductores por parte de los vegetales se produjo después de varios centenares de millones de años. Las cualidades de algunos órganos creados por la evolución son admirables: los sensores químicos de las mariposas macho les permiten, por ejemplo, detectar una hembra a 8 km de distancia. Pero la formación de

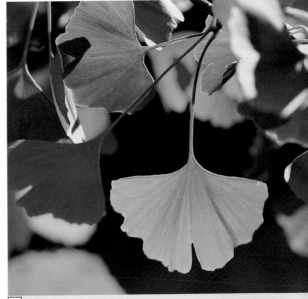

El **ginkgo** (*Ginkgo biloba*) ha realizado un largo viaje en el tiempo, sin experimentar apenas cambios, desde el pérmico (la primera parte de la era primaria, hace 250 millones de años). Una longevidad, sin duda, extraordinaria.

estos órganos —y con mayor motivo la de sistemas complejos autorregulados, como el sistema inmunitario de los mamíferos— ha sido un proceso extremadamente largo, en el cual avance se apoyaba sobre el paso precedente. La desaparición de una especie por la acción del hombre, a menudo en unos pocos decenios, tiene como consecuencia la aniquilación de una extraordinaria acumulación de innovaciones, imposible de reproducir.

¿Es la vida cada vez menos innovadora?

Si la formación de nuevas especies no ha cesado desde la aparición de la vida, se ha constatado, sin embargo, que todos los tipos actuales estaban ya presentes durante el período cámbrico, hace más de 500 millones de años. Parece como si desde esa época sólo se hubieran producido variaciones sobre los mismos temas, sin innovaciones importantes en la organización fundamental de los seres vivos. Para algunos científicos, esto se puede explicar debido a una pérdida progresiva de la «plasticidad» del genoma a lo largo de la historia de la vida. Pero sea cual fuere la explicación, la desaparición de grupos enteros de seres vivos por la acción del hombre tienen, sin duda, consecuencias mucho más graves.

LÉXICO

[Tipo]
Conjunto de especies que tienen el mismo plan de organización (moluscos, artrópodos, vertebrados, plantas vasculares...).

La extinción: un fenómeno irreversible

> *El capital genético de una especie extinguida se pierde para siempre. A pesar de los avances de la ciencia, no es posible reproducir una especie desaparecida.*

Desapariciones definitivas

La extinción es un fenómeno irreversible y, en consecuencia, especialmente grave. De hecho, muchas catástrofes ecológicas son reparadas de forma natural por los ecosistemas con bastante rapidez, al menos a escala histórica o geológica: incluso la más importante de las mareas negras es indetectable al cabo de algunas décadas. Sin embargo no ocurre lo mismo con las extinciones, pues una especie desaparecida no puede ser reproducida ni por la naturaleza, que ha tardado varios cientos de millones de años en crearla, ni por el hombre. Aun así, existen numerosas tentativas, más o menos serias, de obtener por selección especies próximas semejantes en lo posible a las especies desaparecidas. En Europa, se ha intentado recuperar el uro *(Bos primigenius)*, un gran buey salvaje desaparecido hace algunos siglos, que sería el antepasado de los actuales bovinos domésticos. Para ello se han cruzado sucesivamente varias razas de bovinos que presentaban algunas de las características del uro (tamaño, longitud y forma de los cuernos, color del pelo, comportamiento agresivo y territorial de los machos, etc.). El resultado tiene una apariencia relativamente convincente. Pero la apariencia no es la única característica de un animal y, en realidad, un gran número de los genes del uro se ha perdido para siempre.

Un gen es una invención única

El problema de las extinciones se sitúa a nivel genético. Las especies han desarrollado genes originales que programan la síntesis de moléculas o de series de moléculas que les permiten responder a las necesidades del medio ambiente. Estas moléculas pueden mejorar, por ejemplo, la digestión o bien la morfología, la resistencia a las enfermedades, etc. Algunos genes son también responsables de comportamientos más o menos complejos que favorecen la supervivencia del animal. Los genes son, por tanto, invencio-

El último uro desapareció en 1627 en Polonia. Los intentos de reconstituir la especie mediante cruzamientos nunca podrán recuperar la totalidad de su patrimonio genético.

nes originales y sofisticadas de los seres vivos. Y la desaparición de uno (o de una combinación particular) de estos genes es una pérdida irreparable, ya que la ciencia es incapaz por el momento de identificar lo que ha desaparecido y, por tanto, de reproducirlo. Es importante insistir en este punto, ya que los recientes avances de la genética (clonación, animales y plantas genéticamente modificadas...) pueden hacer creer que los científicos son capaces de crear seres, o que podrán hacerlo dentro de poco tiempo. Pero una cosa es transferir uno o dos genes a una planta, y otra muy diferente crear un ser vivo que tiene miles de ellos en interacción permanente.

Parque Jurásico es sólo una ficción

Escenarios como los de *Parque Jurásico*, en los que el descubrimiento del A.D.N. de dinosaurio fosilizado permite la reproducción del animal desaparecido, son totalmente inverosímiles y existen pocas posibilidades de que este hecho cambie próximamente. Incluso suponiendo que se disponga de un A.D.N. perfectamente conservado procedente de una especie desaparecida (lo que es poco probable si se tiene en cuenta la fragilidad de esta molécula), habría que saber en qué célula viva debería ser introducido para conseguir la construcción de un ser vivo completo. Además, introducir con éxito la totalidad del A.D.N. de una especie en un óvulo de otra especie es una operación que, por el momento, se halla fuera del alcance de la ciencia.

La fosilización del A.D.N. de dinosaurio, en la que se basa la idea de la película *Parque Jurásico*, es muy improbable: esta molécula se deteriora rápidamente en contacto con el agua o el aire. El resto del guión científico también es totalmente ficticio.

Las extinciones forman parte de la evolución

El funcionamiento natural de la vida ha estado siempre acompañado de un flujo regular de extinciones. Además, las especies extinguidas son mucho más numerosas que sus homólogas vivas...

Destinos programados

Si bien la época actual se caracteriza por un grado de extinción especialmente alarmante, también es cierto que es el destino natural de una especie. Al igual que los seres vivos, las especies nacen, se desarrollan, y después desaparecen y son reemplazadas por otras. La duración de la vida media de una especie es de entre 1 y 4 millones de años. Nuestra especie —que se puede calificar de joven ya que no sobrepasa los 200 000 años de existencia— también está destinada a desaparecer.

🔍 **Ninguna de las plantas** que poblaban los bosques del carbonífero, como esta cola de caballo gigante (*Calamites*), existe en la actualidad, pues la duración de una especie suele ser muy corta.

El 99 % de las especies ha desaparecido

Los científicos estiman que, a lo largo de su historia, en la Tierra han vivido unos 30 mil millones de seres vivos. Aunque esta cifra es aproximada y tampoco se conoce el número de especies que viven actualmente en nuestro planeta, es razonable pensar que más del 99 % de las que un día existieron ya han desaparecido. Como señala con humor el paleontólogo Richard Leakey, se puede incluso decir que, de entrada, todas las especies están extinguidas...

Las extinciones son indisociables de la evolución, es decir, de la vida, que se caracteriza por estar en cambio permanente. Cuando se produce una modificación importante del medio ambiente (temperatura, nivel del mar, composición de la atmósfera...) ésta conlleva siempre una alteración en las comunidades de seres vivos. Algunas especies desaparecen, otras proliferan y se forman otras nuevas por adaptación.

La constante modificación de las condiciones de vida

Incluso en ausencia de modificaciones globales del medio ambiente, las condiciones de vida habituales de una especie cambian lo suficiente como para dar lugar a una reno-

La necesidad de mejorar constantemente, aunque sólo sea para alimentarse, como en el caso de este guepardo que intenta cazar un ñu, es el motor de la innovación biológica, y explica los prodigios de los que son capaces algunas especies.

vación constante. Es lo que se denomina «el fenómeno de la Reina Roja». Existe, por ejemplo, una verdadera carrera armamentística entre los depredadores y las presas. Los primeros mejoran sin cesar su equipo sensorial, su velocidad, sus estrategias, etc., mientras que, por ejemplo, por su parte, los segundos, por ejemplo, se adaptan a estos progresos perfeccionando su camuflaje o sus técnicas de huida.

La aparición de una nueva especie de depredador en un ecosistema también puede cambiar radicalmente las condiciones de vida de toda la comunidad. Si el nuevo depredador es más fuerte que sus predecesores, puede forzar a éstos, por ejemplo, a alimentarse

de presas herbívoras que antes eran poco apreciadas por ser demasiado pequeñas. Asimismo, la disminución de estos herbívoros puede favorecer a algunas especies vegetales, asociadas, a su vez, a determinados insectos, etc. Los efectos de este recién llegado acaban por afectar a todos los miembros de la comunidad provocando de esta forma la desaparición de las especies.

En consecuencia, las extinciones no tienen nada de anormal. Al contrario, una especie que desaparece libera un nicho ecológico susceptible de ser colonizado por otras nuevas. Las grandes extinciones del pasado siempre vinieron seguidas de activas fases de especiación. Un ejemplo de ello es el extraordinario desarrollo de los mamíferos que siguió, en la era terciaria, a la desaparición de los grandes reptiles de la era secundaria.

Nacimiento y muerte de las especies

Extinciones difíciles de cuantificar

En lo relativo a las extinciones, aunque existe consenso sobre las grandes tendencias, es particularmente difícil calcular los fenómenos concretos.

Estimaciones controvertidas

La existencia de especies extinguidas no es una novedad para la biología. A finales del siglo XVIII, Georges Cuvier fue el primero que, al estudiar unos huesos de mamuts, estableció que pertenecían a especies sin equivalencia sobre la Tierra, y, por tanto, desaparecidas. Pero aunque dicho concepto es bastante antiguo, los científicos tienen grandes dificultades para dar cifras indiscutibles, ya se trate de hechos recientes o bien propios de tiempos geológicos. En consecuencia, existen estimaciones muy contradictorias en cuanto al número de extinciones actuales y pasadas (una especie fósil es mucho más difícil de definir que una especie viva) y ponen en cuestión la gravedad de la situación actual.

Pocos fósiles se conservan tan completos como este murciélago del eoceno (-52 Ma). A menudo los científicos deben identificar las especies del pasado a partir de fragmentos dispersos.

La fosilización: un proceso extraño y selectivo

Las dudas acerca de este proceso tienen varias explicaciones. La primera es el carácter incompleto de los «archivos» geológicos. Para que un ser vivo se conserve durante millones de años, es necesario que se produzca un conjunto de circunstancias excepcionales. El destino normal de un cadáver en la naturaleza es su descomposición, provocada primero por los invertebrados y después por los microbios, por lo que pocas veces puede escapar a este final. Además, la fosilización se produce más fácilmente en el medio acuático que en el terrestre, lo cual también contribuye a alterar los datos. Por último, los animales que no tienen esqueleto ni concha, pocas veces se conservan. Por tanto, los paleontólogos deben realizar muchas extrapolaciones que arrojan importantes dudas sobre los resultados finales.

Algunos especímenes vivos del pico de marfil (*Campephilus principalis*), que se consideraban extinguidos, han sido observados recientemente. Sin embargo, el futuro de esta especie es muy incierto.

Las extinciones recientes tampoco son mucho más fáciles de cuantificar. Así, entre la disminución progresiva de una población y la desaparición de su último espécimen, transcurren, generalmente, varios decenios o siglos, incluso cuando el fenómeno se produce con rapidez. Además, muchas especies se ocultan en hábitats poco frecuentes, muy específicos o de difícil acceso. Evaluar el estado de conservación de las poblaciones de peces supone realizar periódicamente capturas y recuentos, y para ello es necesario movilizar recursos, material y mano de obra. Con frecuencia se debe trabajar con meras aproximaciones.

Las dificultades para reunir las pruebas

El paleontólogo Louis Leakey decía que «la ausencia de pruebas no constituye la prueba de la ausencia». Sin embargo, las pruebas que permiten llegar a la conclusión —con reservas— de que una especie se ha extinguido suelen ser, en general, pruebas negativas (la no observación durante largos intervalos de tiempo). Por ello, es muy poco frecuente que una publicación científica confirme la extinción de una especie porque siempre se corre el riesgo de encontrar algún individuo vivo. Así, hubo un caracol de Madeira (*Discus guerinianus*) que después de 130 años de no haber sido registrado en ninguna observación y darse por desaparecido, fue descubierto en un islote cercano. Sin embargo, estos hechos a menudo sirven de excusa para aquellos que pretenden minimizar los daños ocasionados por el hombre.

Cifras subestimadas

Por prudencia, los científicos consideran como extinguidas, salvo pruebas formales, las especies que no han sido observadas durante aproximadamente 50 años. Durante una campaña de cuatro años llevada a cabo recientemente en la península de Malasia los científicos sólo observaron 122 especies de las 266 especies de peces de agua dulce que habían sido censadas anteriormente. Ello no implica que las 144 restantes se consideren desaparecidas, pero, sin duda, una parte de ellas lo está.

La sexta extinción en masa

En la historia de los seres vivos se han producido períodos de grandes extinciones. En la actualidad, se distingue por el hecho de que sólo una sola especie —el hombre— es el responsable.

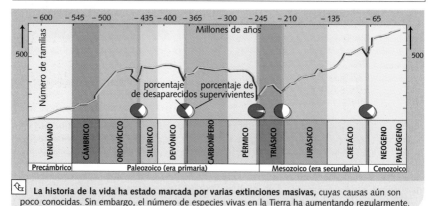

La historia de la vida ha estado marcada por varias extinciones masivas, cuyas causas aún son poco conocidas. Sin embargo, el número de especies vivas en la Tierra ha aumentando regularmente.

Cinco grandes catástrofes biológicas

La paleontología y las técnicas de datación demuestran que las extinciones no siguen un ritmo regular y continuo. Es cierto que se trata de un fenómeno que no se detiene nunca, pero presenta ciclos en los que se produce una aceleración y durante los cuales desaparecen muchas especies. Actualmente se conocen cinco grandes extinciones en el curso de las cuales desaparecieron más del 60 % de las especies en apenas unos millones de años. La más conocida supuso la desaparición de los dinosaurios al final del cretácico (–65 millones de años). Pero la más impresionante, al final del pérmico (–245 millones de años) supuso la eliminación del 90 % de las especies marinas conocidas. También se ha registrado una docena de extinciones de menor amplitud de entre el 15 y el 40 %.

Causas muy controvertidas

Las hipótesis que permiten explicar estas catástrofes planetarias se contradicen y son objeto de una fuerte controversia. Así, la relativa periodicidad en la sucesión de estos acontecimientos permite suponer la intervención de fenómenos cíclicos. El impacto de uno o va-

LÉXICO

[Regresión marina]
Retroceso del nivel del mar que provoca la desaparición de mares poco profundos situados en el borde de los continentes así como la de las numerosas especies que viven en ellos.

rios meteoritos podría explicar algunas catástrofes, sobre todo la del final del cretácico. Pero esta explicación no concuerda con los datos disponibles relativos a otras crisis, aunque sí podría explicar su periodicidad. Otros científicos trabajan con la hipótesis de una activación intermitente de la actividad volcánica que generaría una emisión a gran escala de cenizas y dióxido de carbono, actividad que también podría desencadenarse como consecuencia de impactos de meteoritos.

Algunos biólogos han constatado que las regresiones marinas más importantes a menudo están asociadas a las extinciones. Pero dichas regresiones no son necesariamente su causa, y más teniendo en cuenta que algunas no han tenido ningún efecto en la diversidad de los seres vivos. Por último, un cambio global del clima también podría explicar algunas extinciones en masa. Así, los períodos de enfriamiento contribuyen también a provocar regresiones marinas. En la actualidad, los científicos se inclinan por una explicación basada en la convergencia de varios fenómenos independientes.

La extinción del cretácico

La extinción en masa más conocida y más estudiada es también la más reciente. Tuvo lugar en el límite entre el cretácico y el terciario, hace 65 millones de años. Supuso la extinción de los grandes reptiles de la era secundaria y, en especial, de los dinosaurios, abriendo así el camino para el desarrollo de los mamíferos y, por consiguiente, de nuestra especie. Se cree que este episodio catastrófico pudo ser debido a la colisión entre la Tierra y un asteroide de unos 10 km de diámetro. Este enorme choque (de una energía equivalente a varias miles de veces la bomba de Hiroshima) proyectó en la atmósfera tal cantidad de detritos y de polvo que el planeta entero quedó sumergido en la oscuridad durante varios meses. El cráter causado por el impacto, de nada menos que 150 km de diámetro y actualmente cubierto por grandes capas de sedimentos, fue localizado en la región de Chicxulub, en las costas de Yucatán, en México.

Episodios volcánicos violentos podrían explicar las grandes extinciones. Los gases y las cenizas emitidos por los volcanes podrían, en caso de ser suficientemente abundantes, modificar de manera importante el clima terrestre.

🦴 **La extinción del lobo marsupial** o tilacino *Thylacinus cynocephalus*, es totalmente imputable al hombre: este marsupial carnívoro de Tasmania desapareció en 1937 víctima de una caza desenfrenada.

Extinciones rápidas, generalizadas y planetarias

Cualesquiera que hayan sido las verdaderas causas, las extinciones en masa se manifiestan siempre a raíz de una aceleración vertiginosa de la desaparición de las especies que se extiende al conjunto de los seres vivos de todo el planeta, aunque algunos grupos están más a salvo que otros. Además, la duración del fenómeno es muy breve en cuanto al tiempo geológico. Estas características se pueden aplicar perfectamente al proceso que está teniendo lugar en la actualidad, motivo por el cual muchos científicos hablan de «sexta extinción» para referirse al período en el que vivimos.

Nuestra época se caracteriza por una tasa de extinción que sería entre 1 000 y 10 000 veces superior al ritmo «normal» observado en la naturaleza. Éste se ha establecido, a partir del tiempo geológico, en una especie cada cuatro años, aunque en la actualidad es de prácticamente una especie desaparecida por día. Según el biólogo David Raup, si la destrucción de los hábitats continúa al ritmo actual, a finales del siglo XXI alcanzaremos la cifra de entre 17 000 y 100 000 extinciones de especies por año. Si partiéramos, por ejemplo, de una cifra —optimista— de 30 000 especies, la velocidad de desaparición sería 120 000 veces superior a la media geológica. Por tanto, se trata sin ninguna duda de una extinción en masa.

Una especie es la única causante: el *Homo sapiens*

La gran originalidad de esta sexta extinción estriba en la evidencia de su causa. Y aunque consiste

El dodo de la isla de Mauricio fue masacrado por su carne y sus huevos. Su desaparición en el siglo XVII pone de relieve la gran vulnerabilidad de las faunas insulares.

en distintos procesos simultáneos, está provocada por una sola especie, la nuestra: el *Homo sapiens*. Aunque en la historia de la Tierra existen muchos ejemplos de impactos globales debido a la aparición de un tipo determinado de ser vivo. El más importante fue el de los primeros organismos unicelulares fotosintéticos hace más de 3 500 millones de años. Al realizar la fotosíntesis, estos organismos empezaron a liberar oxígeno, lo que dio lugar a un gran cambio en la biosfera, pues progresivamente se multiplicó por veinte la cantidad de oxígeno presente en la atmósfera, provocando la muerte de muchos organismos que fueron reemplazados por otros. Esta revolución hizo posible la vida tal y como la conocemos actualmente. El oxígeno así pasó de ser un veneno letal a convertirse en un valioso e indispensable aliado para los organismos que supieron adaptarse. Sin embargo, esta trans-

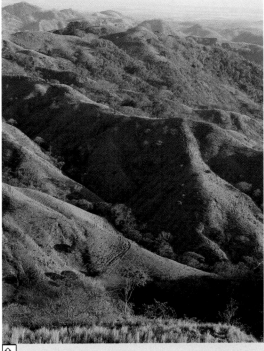

La degradación de los hábitats naturales, ilustrada aquí mediante una imagen sobre la regresión del bosque tropical de altura en Costa Rica, es la primera causa de la «sexta extinción en masa».

formación tuvo lugar a lo largo de varios millones de años y afectó a numerosos organismos.

La vida se recuperará... pero ¿y el ser humano?

Las grandes extinciones del pasado siempre se saldaron con una reactivación de la biodiversidad y un ritmo acelerado de la especiación. Pero al final, ninguno de ellos impidió a los seres vivos continuar diversificándose. En este sentido sería un grave error subestimar la gravedad de la situación actual, pues no debemos olvidar que la historia de la civilización humana cabe en unos pocos milenios, mientras que la regeneración de la biosfera después de una extinción se lleva a cabo en 5 o 10 millones de años, duración muy superior a la esperanza de vida de nuestra especie. Por ello, para las generaciones futuras, la reducción drástica del número de especies observada en la actualidad supone una pérdida irreparable.

Nacimiento y muerte de las especies **25**

Extinciones y biodiversidad

La cantidad de especies extinguidas y la velocidad
con la que se producen las extinciones sólo reflejan
una parte de la regresión de la biodiversidad.

La biodiversidad: un concepto difícil de medir

Aunque el número de ejemplares del bisonte americano (*Bison bison*) ha aumentado mucho desde su masacre en el siglo XIX, se trata de una especie genéticamente frágil.

A menudo se utiliza el número de extinciones para expresar la regresión de la biodiversidad. Así, por ejemplo, si un 10 % de las especies desaparece de un hábitat determinado, se considera que una décima parte de la biodiversidad se ha perdido.

Esto constituye una simplificación práctica pero no siempre significativa, pues la biodiversidad puede considerarse desde tres niveles: el de los genes, el de las especies y el de los ecosistemas. Una especie puede no estar extinguida, e incluso encontrarse en un estado de conservación satisfactorio, y sin embargo haber perdido una parte importante de su riqueza genética. El bisonte americano es un buen ejemplo de ello: a comienzos del siglo XVIII, unos 60 millones de bisontes habitaban las llanuras de América del Norte. Las terribles masacres que tuvieron lugar en el siglo XIX redujeron su población a algunos cientos de individuos a principios del siglo XX, aunque recientemente se ha recuperado hasta alcanzar los 200 000 especímenes actuales. Pero cuando una especie se ve reducida a sólo un centenar de individuos, un gran número de sus genes desaparece. Aun en el caso de que la población aumente de nuevo, los genes perdidos no se recuperan y, por tanto, se produce un empobrecimiento de la especie. Por este motivo las poblaciones reducidas son muy frágiles y se considera que una especie que se halle por debajo de los 500 ejemplares puede desaparecer en cualquier momento.

La subjetividad de las distinciones

Los límites entre las especies son constantemente motivo de controversia, hasta el punto de que, según algunos científicos, una especie no es una categoría dotada de realidad biológica sino una creación del conocimiento humano mientras que por su parte, en la naturaleza sólo existen poblaciones distintas. En realidad, es difícil decir cuándo dos poblaciones aisladas, que presentan grandes diferencias genéticas, se pueden considerar como especies separadas.

LÉXICO

[Ecosistema]
Sistema formado por un biotopo (lugar favorable para la vida) y por las especies que viven en él.

26

En los Pirineos franceses aún vive una minúscula población de osos pardos (6 especímenes). Algunas asociaciones dedican sus recursos a la conservación de este animal emblemático.

El oso de los Pirineos *(Ursus arctos pyraenaica)*, por ejemplo, es una subespecie del oso pardo *(Ursus arctos)* que sólo se encuentra en España y en Francia. Únicamente se conservan algunas decenas de especímenes que parecen condenados a un pronta desaparición, pero desde el punto de vista estadístico, la extinción de esta población no supondrá ningún cambio para la situación global de la especie *Ursus arctos*, que se halla muy lejos de la extinción, sobre todo en Siberia y en el norte del continente americano.

La extinción modifica el sistema ecológico

La desaparición de especies sólo refleja de forma imprecisa la desaparición de los ecosistemas. En teoría, con las mismas especies es posible construir muchos ecosistemas diferentes. La biodiversidad de un país o de un territorio se define por el número de especies que viven en ellos, pero también por la diversidad de los ecosistemas que dicho territorio alberga.

Esta rana venenosa de América Central *(Dendrobates pumilio)* presenta algunas poblaciones de un color rojo brillante y otras de color azul oscuro. ¿Es, pues, posible hablar de una especie única?

Ya se trate de entornos polares, de selvas tropicales, de desiertos, de estepas o de grandes fondos marinos, en todos los lugares habitan especies amenazadas. Ningún ecosistema está a salvo. Sin embargo, en los medios tropicales y en los países pobres la amenaza es mayor: América Central y América del Sur (Brasil, Colombia, Ecuador, México), África oriental (Tanzania), el Sureste asiático (China, la India, Indonesia y Malaysia), y la isla de Madagascar son las zonas más afectadas. Los científicos han establecido 25 puntos críticos de la biodiversidad en los que la situación es especialmente grave.

Los medios húmedos, muy ricos en especies pero considerados «improductivos», se han erradicado de forma masiva en todo el mundo.

¿Dónde están las especies amenazadas?

Distribución de la biodiversida

En algunas regiones del planeta la vida se limita a un pequeño grupo de organismos. En otras existe una increíble diversidad de especies en función de la topografía y del clima.

Una riqueza repartida de forma desigual

 El calor, la humedad y la estabilidad del bosque tropical hacen de este ecosistema el más rico en especies del planeta.

El número de especies varía en grandes proporciones según las zonas. Las islas británicas, por ejemplo, albergan 80 especies de pájaros anidadores cada 10 000 km^2, frente a las 270 de Indonesia y las 350 de Costa Rica. Los entornos más ricos son los bosques tropicales húmedos, y se estima que en ellos se encuentra entre el 60 % y el 75 % de la biodiversidad específica mundial aunque sólo ocupan el 7 % de las tierras emergidas y el 2 % de la superficie del planeta. Un estudio realizado en 1980 en la selva de Panamá censó 1 200 especies de coleópteros en tan sólo 19 árboles, el 80 % de las cuales eran desconocidas hasta entonces.

La importancia de las condiciones climáticas

Estas diferencias se explican por distintas razones. En primer lugar, por la influencia del clima, pues el calor y la humedad favorecen el desarrollo de la vida. Por un lado, el calor facilita las reacciones metabólicas y proporciona energía a los organismos, y por otro, la humedad impide su desecación. Asimismo, la existencia de esta-

ciones distintas constituye un serio problema para los seres vivos. En los climas templados, los vegetales deben adaptarse a largos períodos de frío. Pero estas adaptaciones, a menudo costosas en energía, suelen verse perturbadas por los fenómenos meteorológicos. Los animales se ven entonces obligados a emigrar, a ralentizar sus biorritmos durante meses o a encontrar un medio de subsistencia ante la ausencia o casi ausencia de toda actividad vegetal.

Lagos de Europa y de África

El lago Léman, en Europa, cuenta con 14 especies autóctonas de peces y 11 aclimatadas por el hombre. Suman 25 especies, una cifra irrisoria en comparación con las 300 del lago Tanganyika o las 500 del lago Malawi. Hace 20 000 años el lago Léman estaba cubierto de hielos, mientras que los lagos africanos —a pesar de las variaciones de nivel de sus aguas— no han cambiado desde hace millones de años.

ITEMS BORROWED:

1:
Title: Especies amenazadas: hasta cuál r
Item #: R0300401063
Due Date: 12/1/2011

2:
Title: La cocina familiar en el estado de T.
Item #: R0320889003
Due Date: 12/1/2011

3:
Title: La cocina familiar en el estado de Hi
Item #: R0320891220
Due Date: 12/1/2011

-Please retain for your records-

MGARZA

⌖ **Muy pocas especies** consiguen sobrevivir en la tundra ártica. Además del hielo, el frío y los fuertes vientos limitan también el número de seres vivos.

Explicaciones históricas y geográficas

La historia de los diferentes entornos contribuye también a explicar su biodiversidad. América del Norte, por ejemplo, es mucho más rica en peces de agua dulce que Europa. Durante las glaciaciones, los peces que poblaban la cuenca del principal río americano, el Mississippi, emigraron hacia el sur y se refugiaron temporalmente en zonas más cálidas. En Europa, sólo se produjo una situación parecida en el Danubio, hasta su límite con los Alpes. De esta forma, los sucesivos avances y retrocesos de los hielos a lo largo de los últimos 500 000 años han obligado a las especies a abandonar su medio y después a reconquistarlo de nuevo, y aquellas que no lo consiguieron han desaparecido. En los trópicos, el efecto de las glaciaciones fue mínimo y los organismos pudieron evolucionar largo tiempo en un medio estable, y por tanto favorable a la formación de especies. La forma de los continentes también tiene su influencia, pues la continuidad entre América del Norte y los trópicos permite a muchos pájaros circular libremente entre ambas zonas mientras que, por el contrario, el Sahara y el Mediterráneo separan Europa y África limitando así la posibilidad de migraciones.

Cuadro *(páginas siguientes)*

✳ *La amenaza que se cierne sobre la biodiversidad mundial se concentra en 25 «puntos críticos». Estas zonas de acción prioritaria albergan una biodiversidad muy rica (bosques tropicales húmedos) y/o un gran número de especies endémicas (islas del Pacífico, etc.). Por otra parte, también se han definido 200 «ecorregiones» con el objetivo de preservar, no sólo los «puntos críticos», sino también una muestra representativa de aquellos medios terrestres, marinos o de agua dulce que sean ecológicamente peculiares.*

AMÉRICA DEL NORTE

provincia
florística
de California

cuenca
mediterráne

ÁFRICA

Antillas

América
Central

Chocó-Darién
y Ecuador
occidental

Cerrado
brasileño

bosques
guineano
de África
occidental

AMÉRICA DEL SUR

Polinesia
y Micronesia

Andes
tropicales

región
forestal
atlántica

desierto de Karroo

centro de Chile

provin
florísti
del Ca

Distribución global de las 200 regiones ecológicas

bosque tropical
bosque templado
bosque boreal

pradera y sabana tropicales
pradera templada/pampa
pradera y estepa de montaña
monte bajo de tipo mediterráneo

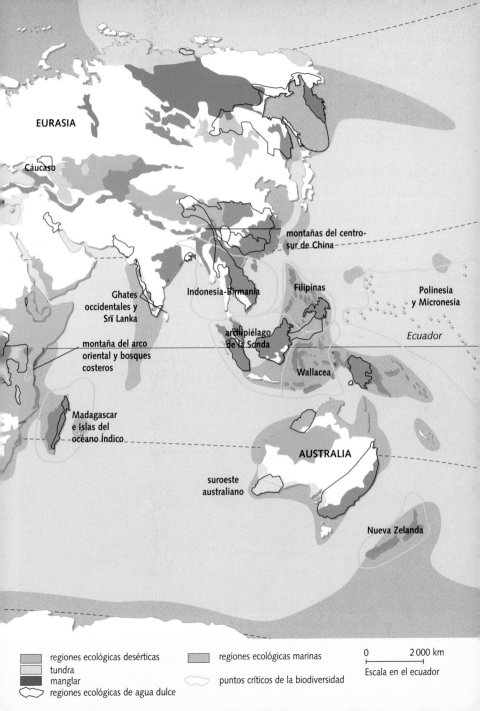

EURASIA

Cáucaso

montañas del centro-
sur de China

Ghates
occidentales y
Srī Lanka

Indonesia-Birmania

Filipinas

Polinesia
y Micronesia

archipiélago
de la Sonda

Ecuador

montaña del arco
oriental y bosques
costeros

Wallacea

Madagascar
e Islas del
océano Índico

AUSTRALIA

suroeste
australiano

Nueva Zelanda

	regiones ecológicas desérticas		regiones ecológicas marinas
	tundra		
	manglar		puntos críticos de la biodiversidad
	regiones ecológicas de agua dulce		

0   2 000 km

Escala en el ecuador

Los medios terrestres

Aunque los medios oceánicos son todavía poco conocidos, los científicos creen que es en los continentes donde la diversificación de las especies alcanza su apogeo.

Los exuberantes bosques tropicales

La palma de la biodiversidad se la llevan, sin duda, los bosques tropicales, ya se trate de bosques de llanura, de altura o de la pluvisilva. Estos bosques presentan una importante estratificación vertical: varias capas se superponen entre el suelo, en la penumbra y la humedad, y el dosel de la selva, que recibe gran cantidad de luz y donde domina la sequedad. La variedad vegetal es muy importante en estos bosques: en la zona costera brasileña llamada *Mata Atlántica* por ejemplo, se hallan hasta 300 especies de árboles por hectárea, sin contar los helechos, los musgos, las lianas y las plantas epífitas, en especial las orquídeas. Asimismo, los bosques de Borneo albergan 11 000 especies de plantas, de las cuales el 40 % son endémicas. Todos estos vegetales albergan millones de especies de invertebrados, sobre todo

En los bosques tropicales húmedos, la humedad es tan elevada que algunos anfibios, como este sapo de Tailandia, abandonan el medio acuático y se establecen en la cima de los árboles.

insectos, la mayoría de los cuales vive en simbiosis con las especies vegetales. Por último, muchas especies de vertebrados, principalmente anfibios, así cómo cerca del 90 % de especies de primates viven en los bosques tropicales. Los otros tipos de bosques son, en general, menos ricos. No obstante, en las zonas templadas los bosques de hoja caduca albergan muchas especies. En cuanto a los inmensos bosques boreales, en ellos dominan unas pocas especies de árboles, aunque abundan los líquenes y los musgos. Además,

Los grandes rebaños de herbívoros de las estepas africanas (aquí el parque nacional del Serengueti, en Tanzania) pueden hacer creer que se trata de un ecosistema rico. Pero la aridez limita el número de especies.

los largos períodos de frío característicos de estas zonas limitan el número de invertebrados capaces de sobrevivir. Por ello la biodiversidad es baja, ya que estos bosques son contiguos, mientras que las masas continentales del hemisferio Sur y sus medios están fragmentados en tierras bordeadas por innumerables islas, lo que favorece el endemismo.

El tipo mediterráneo y los ecosistemas de pradera

Los ecosistemas de tipo mediterráneo presentan una biodiversidad vegetal y un nivel de endemismo muy elevados. Aunque sólo representan un 1 % o 2 % de la superficie terrestre alrededor del Mediterráneo, así como también California, Chile, República de Sudáfrica y Australia, albergan muchas especies. Los ecosistemas de pradera, que son especialmente conocidos por albergar, sobre todo en África, las poblaciones de grandes mamíferos emblemáticos tales como el elefante, el rinoceronte, la cebra, la jirafa y el ñu, tienen un suelo pobre y son poco productivos debido a la escasez de agua. Los mamíferos viven en densidades relativamente bajas, y como son animales gregarios, su vulnerabilidad es aún mayor.

La influencia del hombre

La agricultura tradicional genera, en ocasiones, una biodiversidad importante, incluso mayor que la de los medios preexistentes. Así, los prados de cultivo y los boscajes albergan muchas especies, sobre todo insectos (saltamontes, abeja, lucano, mariquita...). Por el contrario, los medios urbanos y periurbanos, o los medios transformados por la agricultura intensiva y los terrenos baldíos que quedan cuando se queman los bosques tropicales o manglares se asemejan a menudo a desiertos biológicos.

¿Dónde están las especies amenazadas? **35**

Los medios acuáticos

Hasta la fecha se creía que la diversidad era mayor en las aguas dulces que en las marinas, pero la actual investigación del medio oceánico podría dar lugar a nuevos descubrimientos.

En los océanos, la vida se concentra en las aguas de superficie donde la luz es abundante y donde se pueden encontrar muchas especies amenazadas como el hipocampo.

Una abundancia desconocida

Al contrario que los ecosistemas litorales, que han sido bastante estudiados, la biodiversidad de la zona pelágica (alta mar) es aún poco conocida. Pero según estudios recientes podría ser mucho más importante de lo que suponían hasta ahora los oceanógrafos. Esta zona, que recibe la luz solar hasta casi 200 m de profundidad, está muy estratificada biológicamente y podría albergar cadenas alimentarias complejas basadas en el plancton en cuyos extremos se hallarían los mamíferos (especialmente cetáceos) y los pájaros. También parece que las grandes profundidades, donde la biomasa es muy pobre, presenta un número de especies bastante elevado.

Los arrecifes de coral

Sin duda, los ecosistemas marinos más ricos son los medios costeros, en especial los arrecifes de coral, considerados en términos de biodiversidad como los equivalentes oceánicos de los bosques húmedos. Estos ecosistemas tropicales ocupan 617 000 km^2 en todo el mundo, y la formación más espectacular es la Gran Barrera australiana, que se extiende a lo largo de 2 000 km al noreste de Australia. Los arrecifes poseen una fuerte insolación poco filtrada por las aguas cristalinas. Los corales son animales rudimentarios que viven en simbiosis con las zooxantelas, unas algas con una gran actividad fotosintética. Los corales ofrecen comida y protección a multitud de animales marinos, crustáceos, moluscos, gusa-

La cuenca del Amazonas

La cuenca del Amazonas-Ucayali, en América del Sur, en la zona tropical, constituye la mayor reserva de especies de agua dulce del mundo. Alrededor de 2 300 especies de peces (diez veces más que en todos los ríos de Europa juntos), viven en las aguas del río o de la zona inundada (conocida como «várzea»), y también se han contabilizado unas 500 especies de pez gato y 40 especies de anguila eléctrica. Pero la existencia de numerosos embalses perturba este ecosistema único creando zonas sin oxígeno, reteniendo sedimentos tóxicos y destruyendo localmente una buena parte de las especies.

Los arrecifes de coral albergan una diversidad biológica impresionante: peces, crustáceos, erizos de mar, moluscos y gusanos marinos habitan entre las numerosas colonias de madréporas.

nos... y a cerca de 4000 especies de peces. La biodiversidad total de los arrecifes se ha evaluado en 450000 especies, de las cuales sólo se han descrito el 10 %. Los manglares son otro tipo de ecosistema costero muy conocido, y aunque su biodiversidad es bastante pobre, tiene una importante función ecológica, ya que sirven de zonas de reproducción a muchas especies marinas.

Las aguas dulces

Los cursos de agua dulce y los lagos representan aproximadamente el 0,01 % del volumen total de agua de la Tierra, una cifra que apenas varía si se le añaden todas las zonas húmedas. Sin embargo, esta minúscula fracción de la biosfera alberga una sorprendente variedad de especies. El 40 % de las 10000 especies de peces censados viven en agua dulce, una variedad que se explica probablemente por la heterogeneidad del medio. Un río contiene, entre su fuente y su desembocadura, muchos hábitats distintos: aguas frías y claras en su origen, aguas más cálidas y lentas en su curso intermedio y un estuario pantanoso... Además, los hábitats dulceacuícolas están generalmente muy compartimentados, por lo que la mezcla genética es débil y las condiciones mucho más favorables para la especiación que en el mar.

> **LÉXICO**
>
> **[Biomasa]**
> Masa del conjunto de los seres vivos en un momento dado y en un biotopo determinado.

Los ecosistemas más amenazados

No todos los medios están expuestos a los mismos peligros: algunos han sido profundamente transformados por el hombre, incluso destruidos, mientras que en otros los efectos han sido mínimos.

El peligro acecha

Ningún medio natural escapa por completo a la acción del hombre. Algunos ecosistemas están especialmente amenazados porque presentan algún interés particular o porque su capacidad de regeneración es débil. Una biodiversidad elevada no le confiere necesariamente a un medio un interés económico pero a menudo los medios más ricos son los que padecen los daños más importantes. Es el caso de los bosques tropicales, que al ser explotados para la exportación de maderas preciosas y cultivados por los campesinos, una vez destruidos no logran reconstituirse de forma espontánea.

Los corales y la vida de agua dulce en peligro

Los arrecifes de coral son víctimas, por una parte, de la expoliación y, por otra, de determinadas enfermedades que provocan su destrucción, probablemente relacionadas con los residuos contaminantes y con el calentamiento mundial de los océanos. La más grave de estas enfermedades es la conocida como «de banda blanca», que desde hace 15 años se está extendiendo por los arrecifes de todo el mundo (actualmente los del mar Caribe ya están afectados en un 60 %.) Pero también la vida en agua dulce es víctima de la acción del hombre, pues además de que en los ríos se vierten varios tipos de desechos más o menos tóxicos, también las aguas de la lluvia arrastran hasta los cursos de agua las sustancias residuales de la agricultura moderna (pesticidas, abonos y purines), aunque la capacidad de disolución de los ríos y lagos es

Los manglares son bosques anfibios costeros que sirven de protección a los peces, crustáceos y moluscos en los primeros estadios de su desarrollo.

Los osos polares, como todos los grandes carnívoros situados en la cima de la pirámide alimentaria, concentran en su organismo numerosas sustancias contaminantes que son fruto de las actividades humanas (dioxinas, mercurio, pesticidas...).

muy limitada. Los ecosistemas de las zonas húmedas son igualmente vulnerables, pues los que se hallan en la frontera entre el medio terrestre y el acuático (turberas, pantanos, humedales...) a menudo suelen considerarse como insalubres y estériles, cuando, en realidad, albergan muchas especies y tienen una función ecológica esencial en la regulación de los flujos de agua. La tendencia es, pues, convertirlas en zonas productivas, drenándolas o secándolas para destinarlas a terrenos agrícolas o industriales. Las recientes inundaciones en Europa probablemente están relacionadas con estas prácticas.

Las zonas polares tampoco están a salvo

En estas zonas la biodiversidad específica es especialmente baja. Sin embargo, en ellas se encuentran grandes mamíferos, invertebrados acuáticos, y un gran número de pájaros y peces. Pero también la pesca industrial y la contaminación atmosférica generada por el aumento de la actividad industrial en estos territorios produce daños importantes. Así, el calentamiento climático tiene ya graves consecuencias, pues los pingüinos emperador de la Antártida han disminuido en más del 50 % durante los últimos 25 años debido al calentamiento del océano Austral.

Bosques y plantaciones

En nuestro planeta existe más de un millón de kilómetros cuadrados de plantaciones forestales, que, por lo general, son alineaciones de árboles de una misma variedad, de crecimiento rápido (principalmente eucaliptos y pinos, y también álamos). Estas plantaciones realizan funciones ecológicas (regulación del agua, fijación del suelo, almacenamiento de carbono...), producen madera para la industria y liberan a los bosques antiguos de parte de la presión económica que pesa sobre ellos. Pero su biodiversidad es muy inferior a la de los bosques que reemplazan.

¿Dónde están las especies amenazadas?

Los «puntos críticos»

> Ciertos biólogos preocupados por la naturaleza han definido
> 25 zonas de riesgo en las que viven especies especialmente
> amenazadas. La defensa de estas zonas es prioritaria.

Definir las prioridades

Ante el descenso aparentemente inevitable del número de especies del planeta, un grupo de científicos ha intentado definir cuáles son las zonas más sensibles con un objetivo claro: saber dónde hay que invertir los esfuerzos y los créditos destinados a la conservación para optimizar su eficacia. Así, en febrero de 2000 el biólogo británico Norman Myers, de la universidad de Oxford, publicó en la revista *Nature* el resultado de estas investigaciones identificando 25 «puntos críticos». En la actualidad esta lista se ha convertido en referencia obligada para toda la comunidad científica.

Madagascar constituye uno de los 25 «puntos críticos» de la biodiversidad mundial debido a las numerosas amenazas que afectan a este medio insular en el que habita un gran número de especies endémicas como el baobab de Grandidier.

Los criterios

Para efectuar esta selección se han empleado dos criterios. El primero es la riqueza biológica. Para evaluarla, los investigadores se han basado en las plantas florales, que además de constituir un grupo de seres vivos relativamente conocido se hallan en la base de la cadena alimentaria. Por tanto se puede considerar, en una primera aproximación, que una zona que contenga una variedad excepcional de plantas presentará también una gran diversidad en los otros grupos de seres vivos. Hasta el momento se han descrito unas 300 000 plantas florales. Para que un espacio sea reconocido como un «punto crítico», debe albergar al menos 1 500 especies de plantas endémicas, es decir, más del 0,5 % del total. El segundo criterio es el grado de amenaza que pesa sobre el hábitat considerado, que se obtiene calculando la proporción de este hábitat desaparecido. Así, para ser considerado un «punto crítico», un hábitat debe haber perdido por lo menos un 70 % de su superficie inicial.

Resultados inquietantes

Los 25 lugares descritos por Myers suman una superficie de 2,1 millones de km², es decir, el 1,4 % de las tierras emergidas. En ellos se encuentran 133 149 especies de plantas (el 44 % del total mundial) y el 35 % de especies de vertebrados. Por término medio, los puntos críticos han perdido ya el 88 % de su vegetación primitiva, pero para tres de ellos dicha cifra supera el 95 %. En algunos de estos puntos la situación es especialmente alarmante, como los que se hallan en Madagascar, Filipinas, Indonesia, la selva atlántica brasileña, el mar Caribe y la cuenca mediterránea.

Alrededor del 38 % de los puntos críticos se ha constituido en espacios protegidos, pero a menudo dicha protección sólo existe sobre el papel. Según los autores del estudio, la preservación del conjunto de estas zonas costaría unos 500 millones de dólares al año, una cantidad relativamente insignificante si se considera a escala planetaria, pues sólo el presupuesto militar de Estados Unidos es 600 veces superior a dicha cifra. Sin embargo, se trata de una cantidad 12 veces superior a la que se destina actualmente a su conservación.

Objetivo: los océanos

Recientemente se ha puesto en marcha un proyecto análogo para definir diez puntos críticos en los arrecifes de coral. El medio marino es todavía poco conocido y, por tanto, los datos son algo más inciertos, pero los científicos estiman que las zonas que se han seleccionado, aunque sólo abarcan el 0,012 % de los océanos, albergan el 34 % de las especies endémicas. Casi la totalidad de estos puntos linda a su vez con un punto crítico terrestre. Filipinas y el golfo de Guinea encabezan esta desafortunada lista.

M uchas especies se hallan en peligro de extinción porque son víctimas de actividades humanas que destruyen sus hábitats. Según la U.I.C.N. (Unión internacional para la conservación de la naturaleza), el 91 % de las plantas, el 89 % de las aves y el 83 % de los mamíferos amenazados lo están por este motivo. No se dispone de cifras precisas para las otras categorías de seres vivos menos conocidos, pero probablemente son de un orden parecido. Actualmente, un gran número de hábitats particularmente ricos son víctimas de daños irreparables, empezando por las selvas, pero también en las regiones áridas y subáridas, las zonas húmedas, los arrecifes coralinos... y muchas otras.

En Borneo, inmensos territorios poblados de árboles son sustituidos por plantaciones de palma de aceite (visibles en segundo plano).

La destrucción de los hábitats

La deforestación, consecuencia de la miseria

En las regiones tropicales cientos de millones de campesinos,
por lo general analfabetos, viven en condiciones de extrema pobreza,
y para subsistir no les queda otro remedio que explotar la selva.

Un ritmo aterrador

Entre 900 y 1900, la cobertura forestal de Europa experimentó una drástica reducción (del 90 al 20 %) para permitir su conversión en tierras cultivables. En la actualidad, el bosque está recuperando terreno, sobre todo en Francia y en Polonia, pero también está retrocediendo de forma dramática en las regiones tropicales. Los datos, con frecuencia subestimados por razones políticas, son generalmente comunicados por los estados afectados, los cuales se basan en la información que les suministran las mismas empresas forestales. Pero además de existir un gran número de explotaciones forestales clandestinas, incluso las compañías oficialmente acreditadas ocultan, en ocasiones, parte de sus actividades. De hecho, según el gobierno brasileño, el comercio ilegal de madera es cuatro veces más importante que el legal. En el futuro, las fotografías por satélite permitirán resolver este problema. Pero, por otra parte, también resulta difícil definir exactamente qué nivel de deterioro tiene que alcanzar una selva para que ya no pueda ser considerada como tal. Según la F.A.O., entre 1980 y 1995 se destruyeron al menos 200 millones de hectáreas de bosque primario (es decir el 10 % del capital forestal tropical del mundo). Y cada año, se siguen destruyendo 14 millones de hectáreas más, es decir, casi tres veces la superficie de Suiza.

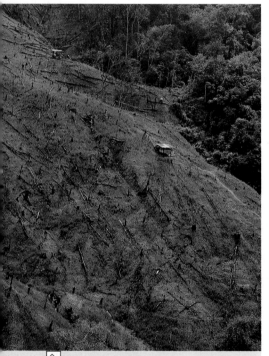

La deforestación de las zonas montañosas de Borneo constituye una catástrofe ecológica de graves consecuencias para el suelo, que arrastrado hacia los valles con la más mínima lluvia.

44

La recogida de madera para calentarse y cocinar es la prioridad cotidiana de estos niños de las altas praderas de Madagascar. Si la tala continúa al ritmo actual, dentro de treinta años la isla se habrá convertido en un erial.

Bosques residuales profundamente alterados

A esta deforestación galopante se le añade, además, la degradación cualitativa de las selvas preservadas, con frecuencia fragmentadas en parcelas. Aunque tengan la misma superficie, muchos islotes forestales tienen una capacidad de acogida mucho menor que la de un espacio único. Los animales grandes necesitan territorios extensos para alimentarse, y la vida de muchos animales pequeños depende de la presencia de los grandes. Así, en la Amazonia se ha observado la rápida desaparición de varias especies de ranas en las parcelas de 100 ha, porque esta superficie resulta insuficiente para el pecarí, que es quien cava los agujeros en los que habitan las ranas. Además, las poblaciones aisladas se empobrecen genéticamente por lo que sus especímenes resultan más vulnerables a las enfermedades o a las catástrofes naturales. Por otra parte, hace tiempo los biólogos identificaron el llamado efecto de la linde: el hábitat forestal sólo funciona verdaderamente como tal a partir de los 800 metros de la linde, ya que es en ese punto donde comienza la zona no perturbada.

Una selva puede también degradarse por la tala selectiva de algunos árboles de interés comercial, pues tanto el paso de los vehículos como las obras perturban gravemente la flora y la fauna. Las selvas situadas cerca de las concentraciones urbanas son víctimas de la recogida de leña. Además de causar un empobrecimiento profundo y duradero de la ecología del hábitat forestal, estos ejemplos no suelen contemplarse en las estadísticas de la deforestación.

Mapa *(páginas siguientes)*

✳ *La degradación de los hábitats (deforestación, desecación de zonas húmedas, etc.) es la principal amenaza para el futuro de la flora y la fauna mundiales. La deforestación masiva que desde hace 2000 años ha venido acompañando al desarrollo de las sociedades humanas afectó, en primer lugar, a los bosques europeos. Desde hace 30 años continúa a un ritmo acelerado en las zonas tropicales.*

Degradación de bosques y litorales

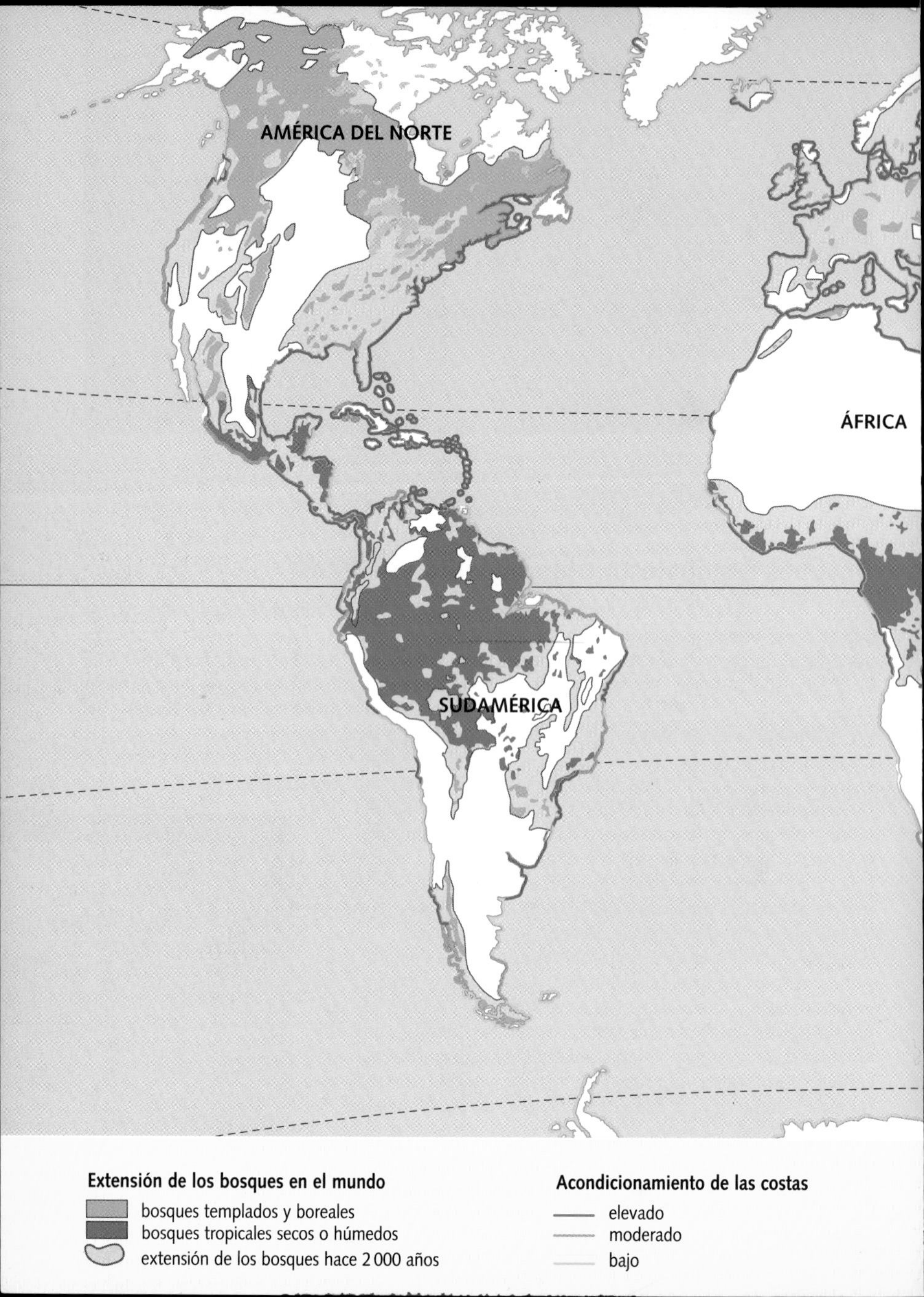

AMÉRICA DEL NORTE

ÁFRICA

SUDAMÉRICA

Extensión de los bosques en el mundo

bosques templados y boreales

bosques tropicales secos o húmedos

extensión de los bosques hace 2 000 años

Acondicionamiento de las costas

—— elevado

—— moderado

—— bajo

EURASIA

Ecuador

AUSTRALIA

0   2 000 km

Escala en el ecuador

La agricultura chamicera, realizada a pequeña escala, no resulta perjudicial para los medios tropicales. Pero su generalización supone una amenaza para muchas especies forestales, como el curioso eco malgache.

Un problema socioeconómico

Las causas de la degradación de las selvas son múltiples y variadas y dependen de los lugares. Sin embargo, hay una que domina sobre todas las demás: la existencia de unos 500 millones de personas (uno de cada doce seres humanos) que viven inmersas en la pobreza, desprovistas de todo medio de subsistencia, en la periferia de las grandes selvas primarias. Como único recurso, estas poblaciones practican la agricultura chamicera, que consiste en roturar las parcelas tras incendiarlas para poder cultivar la tierra y poder sobrevivir durante al menos un año. Efectivamente, esta forma de explotación agota el suelo en dos o tres años, tras los cuales el agricultor se ve obligado a abandonar esta zona e internarse en la selva para buscar otra. Dos tercios de la superficie forestal que se pierde cada año se debe a esta práctica. La deforestación es un problema muy complejo, no sólo en términos ecológicos, sino también socioeconómicos y humanos.

48

Destrucciones planificadas

Es evidente que no es posible salvar las selvas si no se combaten las desigualdades sociales a nivel mundial así como la pobreza que asola todo el planeta. Con frecuencia, los gobiernos de los países tropicales han contribuido a agravar el problema al utilizar las selvas primarias como válvula de escape para no afrontar el problema del paro, la urbanización anárquica, la delincuencia y la reforma agraria (en Brasil, el 1 % de la población posee el 46 % de las tierras cultivables).

Y por otra parte, se han llevado a cabo políticas de colonización que animaban a los agricultores a instalarse en la selva y practicar la agricultura chamicera. Éste fue el caso de Indonesia y Perú. En otros casos, los estados han incitado a la población a roturar y ocupar las zonas forestales para reafirmar su soberanía (por ejemplo en la frontera entre Perú, Ecuador y Colombia).

La responsabilidad de los países ricos

Los países ricos son los principales responsables de esta situación, porque además de apropiarse de los recursos de maderas preciosas que importan masivamente, oprimen a los países pobres con la deuda externa y les niegan los medios para desarrollarse. Pues lo cierto es que una deuda muy elevada acaba por consumir los ingresos de un estado, que se ve así imposibilitado para educar a su población y aún menos llevar a cabo una política de protección del medio ambiente y de gestión forestal.

Según datos del Banco mundial, en los diez países con mayor nivel de deforestación el porcentaje de su deuda en relación con el producto nacional bruto ha pasado del 26 % al 60 % entre 1976 y 1996.

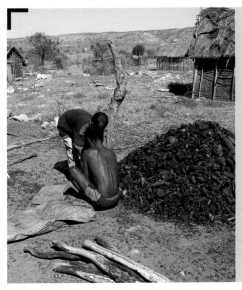

El problema de la leña

En los países en vías de desarrollo, la leña representa el 80 % del consumo de madera. En el mundo existen 3 000 millones de individuos que utilizan la madera como principal fuente de energía, y es poco probable que otros tipos de energía puedan sustituirla en un futuro próximo. En las zonas rurales se utiliza directamente la madera, mientras que en las zonas urbanas se recurre al carbón de leña. Todo ello tiene un considerable impacto sobre los bosques que, si no resultan irremediablemente dañados (Madagascar habrá perdido la totalidad de su selva en 30 años si no se toman medidas), padecen un empobrecimiento importante.

Agricultura y comercio de la madera

El comercio de maderas tropicales está en auge y la agricultura tradicional va desapareciendo frente a la agricultura industrial; asimismo los entornos naturales se empobrecen y la selva retrocede.

De la agricultura de subsistencia a la agricultura industrial

La creciente industrialización de la agricultura contribuye a hacer retroceder a los medios naturales. En Europa y Estados Unidos, las extensas praderas naturales han sido reemplazadas por inmensos cultivos de colza, maíz o trigo. La expansión de estos ecosistemas artificiales, saturados de pesticidas y herbicidas, se ha visto acompañada por un enorme em-

El bosque de Monteverde (Costa Rica) ha sido sacrificado en aras de la industria norteamericana de hamburguesas. En la imagen se pueden apreciar los bovinos pastando en las colinas roturadas.

pobrecimiento de la fauna y la flora. En las regiones tropicales, la implantación de grandes unidades agrícolas modernas, generalmente orientadas a la exportación, da lugar además al desarraigo de los agricultores que antes cultivaban la tierra. En Honduras, en la década de 1970, miles de campesinos tuvieron que abandonar sus tierras en los valles de las costas septentrionales para dar cabida al cultivo de palma de aceite. Estos campesinos acaban inevitablemente practicando la agricultura chamicera, ya sea con el beneplácito de las autoridades, o bien porque es la única práctica agrícola que conocen. Cuando estas grandes explotaciones no se instalan en tierras ya cultivadas lo hacen en tierras forestales especialmente roturadas para la ocasión. Y de esta forma, el bosque primario acaba siendo reemplazado por plantaciones de palma de aceite, heveas, cafetales o cacaotales, entre otros.

Estos troncos de madera, extraídos del bosque tropical de Borneo, serán exportados a Japón, el mayor consumidor mundial de maderas preciosas.

Las vacas reemplazan a la selva

La cría extensiva de ganado también es muy perjudicial para las selvas tropicales, sobre todo en Latinoamérica. Tradicionalmente, las ganaderías se instalaban en las tierras secas de la fachada oeste del continente, pero la apertura de los mercados norteamericanos ha provocado la expansión del pastoreo hacia las zonas forestales húmedas. De hecho, muchos ganaderos se han servido de campesinos pobres para que les procuraran nuevos pastos a golpe de sierra mecánica o incendio forestal. Según la F.A.O., entre 1955 y 1995, la superficie de pastos en América Central pasó de 3,9 millones de hectáreas a 13,4 millones. Todo ello provoca, además, una erosión galopante que se estima en 200 toneladas de tierra por hectárea y por año.

Maderas preciosas

La extracción de maderas de interés comercial (teca, caoba, palisandro...), destinadas a la exportación representa alrededor del 15 % de la deforestación. En algunas regiones de Asia en las que se encuentra un gran número de especies particularmente valiosas, esta cifra alcanza el 50 %. En Malasia, por ejemplo, el volumen de madera talada se ha cuadruplicado entre 1976 y 1992. Estas maderas se explotan de manera selectiva, pero la utilización de grandes máquinas, la instalación de campamentos permanentes en los que viven centenares de trabajadores y el trazado de carreteras y pistas que son permanentemente transitadas por una retahíla de camiones, causan un daño irreversible. Como los gobiernos suelen otorgar concesiones a corto plazo, las compañías forestales no tienen ningún aliciente para ocuparse de la administración de los medios y adoptan un comportamiento depredador. Así, se estima sólo en un 1 % la proporción de bosque tropical realmente gestionado con una política a largo plazo.

La desertificación

Las densas praderas son sustituidas por pastos cada vez más escasos; después el viento y la lluvia erosionan el suelo... y el desierto avanza de forma implacable.

Un engranaje funesto

La degradación de las tierras en las zonas áridas y semiáridas, vinculada a las variaciones climáticas y a la actividad humana, constituye un grave problema para los ecosistemas. La F.A.O. estima que un 70 % de las tierras áridas (que representan 3 600 millones de hectáreas) están ya degradadas. La desertificación se caracteriza por una reducción de la cobertura vegetal, acompañada de un irreparable empobrecimiento de la fauna local. Si la vegetación desaparece, las raíces ya no pueden fijar la tierra y ésta queda a merced de la erosión por la acción del viento y la lluvia, lo que, a su vez,

LÉXICO

[Sobrepastoreo]
Explotación excesiva de los pastos que origina la degradación de la vegetación y del suelo.
[Salinización]
Acumulación de sales en el suelo que hacen que éste se vuelva estéril.

En el África subsahariana la tierra está perdiendo progresivamente su cobertura vegetal y el Sahara está ganando terreno hacia el Sur, como ilustra esta foto tomada en territorio de los dogón.

hace más difícil que arraiguen nuevas plantas y aumenta aún más la fragilidad del suelo. Además, la urdimbre subterránea que forman las raíces permite retener el agua y mantiene una constante capa de humedad en el subsuelo.

La desertificación en grado moderado es un proceso reversible y, hasta cierto punto, natural. Cada año las variaciones climáticas desplazan el límite de la vegetación alrededor del Sahara, llegando a oscilar de forma natural hasta unos 200 km. Pero pasado cierto umbral de destrucción de la vegetación y de erosión del suelo, la regeneración espontánea ya no es posible, por lo que se hace necesaria la intervención humana y el empleo de diversos medios importantes, aunque poco frecuentes, en los países tropicales.

Prácticas agrícolas inadecuadas

Entre las actividades humanas, las prácticas agrícolas inapropiadas son la primera causa de desertificación. El sobrepastoreo, en particular, impide que las praderas puedan regenerarse, ya que el constante tránsito de ganado interrumpe el crecimiento natural de los vegetales. Los cultivos intensivos y la inadecuada roturación del suelo (por ejemplo cavando a demasiada profundidad o aplicando una fertilización insuficiente o cultivos inadecuados) provocan, asimismo, una gran pérdida de humedad y resecan la tierra. La irrigación, que puede enriquecer la tierra cuando se practica de forma apropiada, perturba a veces el funcionamiento de las capas freáticas provocando la salinización de las tierras. La recogida de leña también puede resultar catastrófica si es demasiado intensa. Sin embargo, la presencia humana no tiene por qué empobrecer la tierra; al contrario, si las prácticas son las adecuadas, incluso puede enriquecerla. En Yemen, por ejemplo, existía un vasto sistema de terrazas irrigadas que ha ido desapareciendo a medida que los agricultores pasaban a formar parte de la economía petrolera, lo que ha provocado el avance del desierto.

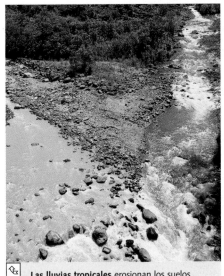

Las lluvias tropicales erosionan los suelos deforestados, arrastrando las tierras cultivables hasta el océano, un derroche que resulta visible en esta confluencia entre dos ríos en América Central.

Industria, minas y urbanización

> Entre la actividad minera que contamina y devora los bosques
> y las ciudades que crecen a gran velocidad, los entornos naturales
> están siendo atacados desde el exterior y el interior.

Una urbanización acelerada

Otra causa de destrucción de los medios naturales, aunque de forma más localizada, es la proliferación de asentamientos humanos. La urbanización es un fenómeno que avanza a escala mundial y que invade superficies cada vez mayores. Entre 1900 y 2000, el número de ciudades de más de un millón de habitantes pasó de 10 a 500. Los medios naturales de tipo mediterráneo (cuenca mediterránea, California, regiones costeras de la República de Sudáfrica) poseen unas condiciones climáticas especialmente codiciadas: mucho sol, temperaturas agradables y una pluviosidad que se concentra en sólo unos pocos meses. Estos entornos, que contienen un gran número de especies endémicas, son objeto de una fuerte especulación inmobiliaria y su población aumenta constantemente. Pero el fenómeno de la expansión de las aglomeraciones existe en todo el planeta.

Por otro lado, la construcción de grandes vías de comunicación tiene también un impacto considerable sobre el entorno, en especial en la selva. Así, la apertura de la famosa carretera transamazónica ha permitido el acceso a millones de kilómetros cuadrados de selva a los agricultores y a los ganaderos brasileños. A un nivel más modesto, el simple trazado de caminos en la selva da lugar a un flujo de vehículos, paseantes, cazadores, etc., que pueden hacer el medio inhabitable para las especies más frágiles.

Los medios litorales albergan una gran riqueza biológica, tanto en el mar como en tierra. Desafortunadamente, como aquí en Cancún (México), también son un objetivo prioritario de los promotores inmobiliarios.

Minas de todo tipo

La actividad minera, así como la prospección y la extracción de petróleo, son un impor-

🔍 **Empujadas por la «fiebre del oro»,** algunas poblaciones en condiciones de extrema pobreza se dedican a deforestar vastas regiones y después cavan en la tierra sin más medios que sus propias manos, como en la imagen, en la frontera entre Burkina Faso y Malí.

tante factor de destrucción de los medios naturales. Las minas a cielo abierto afectan a grandes superficies, en especial cuando están situadas en las selvas tropicales, como en el caso de las minas de oro gigantes de Brasil, las minas de carbón de Indonesia o las minas de cobre en Zambia. Estas instalaciones suponen la destrucción de la selva situada sobre los yacimientos mineros. Pero el problema principal son las grandes concentraciones obreras que se crean en plena selva, a las que hay que alimentar, y que dan lugar a un intenso comercio de carne de animales salvajes, principalmente mamíferos, y especialmente aves, que se cazan en las proximidades. El hecho que algunas de estas especies (en especial los monos) estén protegidas no detiene a los cazadores, pues nadie controla su actividad. Además, la construcción de carreteras también abre nuevas vías de acceso a la selva que atraen a los campesinos que practican la agricultura chamicera.

La energía se obtiene de la selva

Las necesidades energéticas de estas instalaciones se cubren, por lo general, con la combustión de árboles talados en la selva. El consumo energético de un asentamiento de varios centenares de trabajadores no es desdeñable, pero hay que añadirle, sobre todo, el de los procesos industriales, mucho más importante. Por otra parte, estas actividades generan materias tóxicas que se vierten en los ecosistemas. Un ejemplo es la extracción de oro, en la que se emplean importantes cantidades de mercurio. Este metal, que es especialmente neurotóxico, se encuentra presente en la actualidad en varios cursos de agua de la cuenca amazónica.

El acondicionamiento de los cursos de agua

Los ríos y los medios húmedos albergan a muchas especies endémicas y poseen una biodiversidad importante, pero las intervenciones urbanísticas que en ellos realiza el hombre suelen causar daños a veces irreparables.

El embalse de las Tres Gargantas, sobre el Yangzi Jiang (China), se inaugurará en 2009. Esta obra colosal modificará seriamente el curso del río y reducirá de manera importante su biodiversidad.

El problema de los embalses

Los embalses, símbolos de desarrollo y modernidad, se han multiplicado desde principios del siglo xx en los países del norte primero, y luego en los del sur. El objetivo de dichas construcciones es garantizar el suministro de energía barata y la protección contra las crecidas, facilitar la navegación y proveer de agua para el regadío. Pero en muchos países, en especial en las regiones tropicales, han desatado una gran polémica. Así, sus detractores les acusan de haber aumentado la deuda externa, de haber dado lugar a enfermedades parasitarias y de haber perturbado el ciclo del agua.

Pero al margen de los aspectos económicos, es evidente que para los medios naturales las consecuencias de los embalses han sido casi siempre desastrosas, pues por lo general las zonas que anegan solían ser medios húmedos diversificados con una fauna y una flora muy ricas, que acaban siendo sustituidos por una extensión de agua homogénea de escaso interés ecológico. Además, los embalses retienen sedimentos que, a menudo, están cargados de contaminantes producidos río arriba. La presa de Asuán, por ejemplo, construida en la parte superior del Nilo, ha eliminado las crecidas del río así como su efecto fertilizante. Debido a ello el empleo de abonos por parte de los campesinos ha aumentado, lo que a su vez ha ocasionado importantes problemas de contaminación. Por otra parte, los embalses se suelen combinar generalmente con otras construcciones (diques, compuertas, esclusas) cuyo objetivo es evitar las crecidas de los cursos de agua y, eventualmente, hacerlos navegables, para lo cual deben garantizar una profundidad estable y un flujo regular. Pero los ríos son entor-

🔍 **La construcción** de zonas portuarias gigantes sobre los grandes estuarios ha acabado con la diversidad original de estos medios acuáticos, situados en un espacio intermedio entre la tierra, el agua dulce y el agua de mar.

nos variables, poblados de especies adaptadas a esta variabilidad, por lo que su «domesticación» causa siempre un empobrecimiento específico importante. Los embalses son un obstáculo para los peces migradores, con lo que reducen la biodiversidad.

Los estuarios

El acondicionamiento de los estuarios ha resultado igualmente perjudicial. Los estuarios de los ríos importantes forman deltas muy propicios para la abundancia de seres vivos: invertebrados acuáticos, aves, peces en fase de reproducción, etc. Pero también se construyen en ellos puertos muy activos, cuyas instalaciones se amplían para poder acoger buques cada vez más grandes en perjuicio del medio circundante. Por lo general, las zonas húmedas y pantanosas siempre se han considerado como superficies estériles que era necesario acondicionar, por lo que normalmente se han drenado, rellenado, desecado o plantado con álamos, arroz o maíz, operaciones todas ellas que han acabado por convertirlas en desiertos biológicos.

> ## El embalse de las Tres Gargantas
> La era de los proyectos faraónicos parece no haber finalizado. El más conocido de ellos está a punto de hacerse realidad en China, en el río Yangzi Jiang: se trata de la presa de las Tres Gargantas, que tendrá 185 m de altura y más de 2 km de longitud y creará un embalse de 1 000 km² que alterará el funcionamiento de este río gigante (de casi 6 000 km de longitud) en la cuenca del cual viven más de 200 millones de personas. Los defensores del proyecto calculan que esta obra supondrá para el país un ahorro de 50 millones de toneladas de carbón por año. Un ahorro importante... a corto plazo.

La destrucción de los hábitats **57**

Si la destrucción de los hábitats es la principal causa de las extinciones, la introducción de especies extranjeras, lejos de constituir un enriquecimiento, provoca también numerosas desapariciones. En cuanto a las actividades de explotación directa —caza, pesca, recolección— suponen también un gran perjuicio para los medios naturales. Sin duda, la finalidad de estas actividades es obtener recursos para cubrir las necesidades del ser humano... pero también lo es decorar la vivienda o el jardín, conseguir una mascota original e incluso impresionar a los amigos. Por último, las numerosas sustancias químicas vertidas en el medio ambiente resultan letales para las especies más sensibles.

Los monos, como este joven gorila y este cercopiteco sostenidos por un cazador furtivo, son víctimas del consumo alimentario.

Especies perseguidas o desplazadas

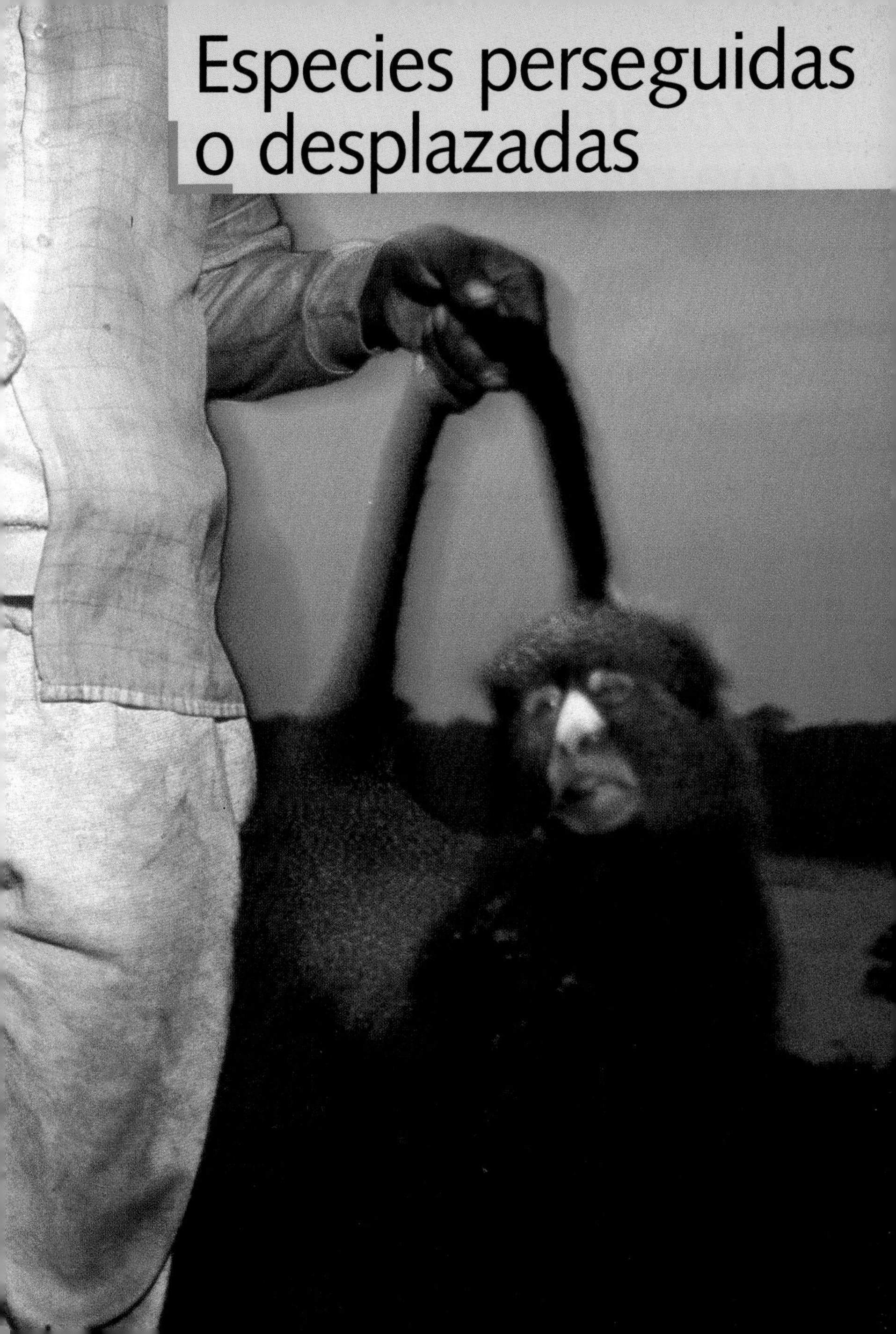

Invasores
que marginan

La contaminación biológica contribuye al empobrecimiento de la biosfera, y se considera el segundo factor de extinción después de la destrucción de los hábitats.

Una práctica ancestral

Desde hace milenios el hombre siempre ha transportado especies vivas de un lugar a otro por necesidades agrícolas. El trigo, que comenzó a cultivarse hace casi 7 000 años en Mesopotamia, conquistó así los cinco continentes. Y también el maíz, la manzana y el tomate se extendieron por todo el planeta algunos siglos después del descubrimiento de América. Pero el hombre no sólo transporta las plantas de cultivo o los animales de cría, sino que también se lleva consigo a otros animales tales como mascotas (gatos, perros), parásitos (pulgas, mosquitos, bacterias), ratones y ratas. Estas últimas son una de las especies más invasivas y destructoras del planeta. Por otro lado, entre los siglos XVII y XIX se pusieron de moda las «aclimataciones».

Las islas en primera línea

Los ecosistemas insulares son particularmente sensibles a la introducción de especies. En los continentes, el porcentaje de especies introducidas ronda, en la actualidad, el 20 %. En las islas puede llegar al 50 % (el 47 % en Hawai), una cifra que resulta aún más impresionante si se tiene en cuenta que es resultado de apenas unos decenios. Además, los invasores son, por lo general, mucho más dañinos con las especies locales en los medios insulares, pues ofrecen menos refugios que los continentes. Una pequeña mosca parásita de los huevos (*Philornis dawsoni*) importada accidentalmente a las islas Galápagos en 1997, infesta en la actualidad el 97 % de los nidos de pinzones endémicos del archipiélago, poniendo en peligro la totalidad de las especies en vías de extinción.

El maíz, un cereal que en la actualidad se ha extendido por todo el mundo, es la forma doméstica de una planta originaria de México. Es una de las miles de especies aclimatadas por el hombre fuera de su continente original, con fines alimentarios, decorativos, o bien para la caza o la pesca.

🔍 **El sapo gigante** (*Bufo marinus*), procedente de Brasil, se introdujo en Australia en 1935 para eliminar un insecto que atacaba la caña de azúcar pero ha causado un desequilibrio ecológico todavía mayor.

Así, era habitual recorrer el mundo en busca de nuevas especies interesantes susceptibles de enriquecer la fauna del propio país. Sin embargo, con este propósito lo que se logra a veces es empobrecer el ecosistema.

Invasores molestos

Las especies introducidas tienen tendencia a proliferar. En primer lugar porque suelen ser «éxitos» de la evolución (especies adaptables, fecundas, resistentes, etc.). Pero la causa principal es que su nuevo medio está libre de agentes patógenos y depredadores que les puedan perjudicar, lo que les confiere una ventaja considerable sobre los organismos autóctonos. En segundo lugar, al debilitar los ecosistemas de acogida, la acción humana contribuye también a favorecer estas invasiones, pues un ecosistema perturbado (polución, explotación) es más vulnerable a la invasión. Sin embargo, una especie que prolifera de forma muy rápida suele tener un fuerte impacto sobre el ecosistema receptor.

LÉXICO

[Patógeno]
Se denomina así al conjunto de organismos capaces de provocar enfermedades en una especie: virus, bacterias, parásitos, hongos...

Mapa *(páginas siguientes)*

✳️ La sobreexplotación pesquera y el comercio internacional de la vida salvaje constituyen una amenaza para unas 30 000 especies. Las reservas pesqueras del Pacífico norte y del Atlántico norte están prácticamente agotadas. Cada año se consumen más de 350 millones de animales y de plantas salvajes. Sólo el tráfico de carne de animales salvajes en el África tropical representa un millón de toneladas al año.

REINO UNIDO

38 %

58 %

ESTADOS UNIDOS

68 %

33 %
ESPAÑA

31 %

16 %
PORTUGAL

17 %

CUBA
11 %

BELICE
6 %

SENEGAL   TO

EL SALVADOR

8 %

5 %   NICARAGUA

10 %

31 %

7 %

9 %

GUINEA

36 %   COLOMBIA

GH

ARGENTINA
9 %

24 %

URUGUAY

Zonas de explotación de las reservas pesqueras

☐ parcialmente subexplotadas   ☐ explotación total   ☐ agotadas

☐ próximas a la explotación normal   ☐ sobreexplotación total

**Comercio de
carne de animale**

☐ salvajes

Principales países importadores y exportadores de animales salvajes y flores

RUSIA	40 %	8 %	
BIÉLORRUSIA	5 %		
NCIA			
CHINA	18 %		
	29 %	33 %	38 %
JAPÓN	40 %	14 %	5 %
	5 %	38 %	5 %
COREA DEL SUR			
TAILANDIA	60 %		
FILIPINAS	16 %		
TANZANIA	13 %		
ZAMBIA	5 %		
MOZAMBIQUE	22 %		
INDONESIA	22 %	9 %	30 %
REPÚBLICA DE SUDÁFRICA	22 %		
Ecuador			

Principales países importadores y exportadores de animales salvajes y flores

importación   primates   serpientes   lagartos   tortugas   loros   orquídeas

exportación   primates   serpientes   lagartos   tortugas   loros   orquídeas

La rata: un terrible exterminador de aves

La rata negra *(Rattus rattus)* es un roedor prolífico y excepcionalmente adaptable. Este roedor, procedente de Asia Menor, llegó a Europa occidental en la antigüedad en las bodegas de los barcos y en los últimos 4 o 5 siglos se ha extendido por todo el mundo. Casi siempre ha conseguido aclimatarse, provocando catástrofes entre las aves, de las que saquea los nidos, ya sea en tierra o en los árboles (la rata es un excelente trepador). La introducción de gatos tuvo efectos semejantes. Se cree que la mayoría de especies de aves extinguidas desde 1800, sobre todo en las islas del océano Índico y del Pacífico, lo fueron a causa de la introducción de nuevas especies. En la actualidad, una tercera parte de las aves amenazadas son víctimas de las especies invasoras. Esta proliferación provoca a menudo un efecto en cadena. Así, la desaparición de colibrís, por ejemplo, conlleva la de las plantas que éstos polinizan, mientras que la de otras especies insectívoras puede favorecer la proliferación de invertebrados, etc.

Las plantas exterminadoras

En 1858, en Nueva Zelanda empezó a importarse el possum (un pequeño marsupial australiano) para explotar sus pieles. Un siglo y medio más tarde, había 70 millones de possums que destruyeron el bosque neozelandés y los nidos de las aves. Del mismo modo la perca del Nilo *(Lates niloticus)*, introducida en 1954 para desarrollar la pesca en agua dulce en el lago Victoria, devastó lo que antes era uno de los ecosistemas lacustres más diversificados del mundo, haciendo desaparecer 200 de las 400 especies de peces endémicas, incapaces de resistir su voraz apetito. En el reino vegetal la situación no es muy diferente. Así, el jacinto de agua *(Eichornia crassipes)*, una planta ornamental originaria de América del Sur, ha proliferado en los estanques y los lagos de las zonas tropicales de todo el planeta. Esta planta obstruye completamente los medios, impidiendo el paso de la luz y privándolos de oxígeno, lo que ha provocado unas desastrosas consecuencias económicas y ecológicas.

Apreciado por sus flores de un delicado color malva, el jacinto de agua, originario de América del Sur, se introdujo en Asia y en África, pero su proliferación ha alterado el equilibrio de los ecosistemas acuáticos.

La tortuga de Florida (*Pseudemys scripta*), comercializada a gran escala en su estadio juvenil, se convierte rápidamente en un estorbo, por lo que cuando, de forma irresponsable es liberada en la naturaleza, se convierte en un importante depredador de las tortugas acuáticas autóctonas.

Invasiones generalizadas

En la actualidad, los desplazamientos de especies se multiplican. En el caso de las plantas, además de la agricultura, se persigue a menudo explotar sus cualidades ornamentales. Con los animales también existe esta misma motivación, a la que hay que añadir otras como la pesca deportiva y la caza. Por otro lado, se ha descubierto que el lastre de los navíos es también un importante agente de dispersión. Al recoger muestras en un puerto americano en el lastre de 159 buques de carga procedentes de Japón, se identificaron

Una especie de cada cien prolifera

Se calcula que por cada cien especies que el hombre introduce en un medio nuevo, una decena se aclimata y una prolifera. Estas proliferaciones se detienen cuando un patógeno o un depredador consigue adaptarse al invasor, pero las especies que han desaparecido no vuelven a reproducirse, lo que contribuye al empobrecimiento de los ecosistemas.

357 especies diferentes. Un gran número de larvas y otros seres planctónicos se desplazan por este sistema, al igual que multitud de moluscos y de animales, que lo hacen incrustados en el casco de los barcos, en especial de agua dulce. En Europa, la red de canales navegables ha facilitado la invasión de las aguas occidentales por parte de un molusco (*Dreissena polymorpha*) procedente del Danubio. Los cargamentos de frutas que pasan de un continente a otro contienen grandes cantidades de invertebrados. La apertura de vías de comunicación (canal de Panamá y canal de Suez) ha puesto en contacto a especies separadas desde hace millones de años. En un siglo, unas 300 especies han pasado del mar Rojo y del océano Índico al Mediterráneo a través del canal de Suez, lo que representaría un 4 % de los organismos mediterráneos.

El consumo de carne de animales salvajes

La carne de los animales salvajes es objeto de un tráfico profesional organizado que se desarrolla rápidamente y que tiene unas desastrosas consecuencias para la fauna, especialmente en África.

Este cazador furtivo exhibe orgulloso el brazo de un gorila adulto, destinado a alimentar un mercado local de carne de animales salvajes, a menos que la mano no acabe transformada en un cenicero y vendida a los amantes de los trofeos originales.

La presión de las poblaciones

Este tipo de caza incluye todos los productos animales del medio natural destinados a la alimentación procedentes de las selvas tropicales o de otros medios más abiertos, como en el caso de los elefantes. La situación es particularmente crítica en el continente africano, pero también afecta a la fauna salvaje de Asia y América del Sur. Las poblaciones locales han practicado siempre la caza en las zonas tropicales sin infligir daños importantes al medio ambiente, ya que eran poco numerosas y estaban mal equipadas. Asimismo, la población próxima a las zonas salvajes, sobre todo de las selvas, ha aumentado de forma considerable, empujada por el éxodo rural y las condiciones de vida en los barrios más desfavorecidos. Así, el 90 % de la población rural de África dispone de menos de la mitad del mínimo proteico recomendado por la F.A.O. para sobrevivir. La carne de los animales salvajes es, por consiguiente, un importante aporte vital para estas poblaciones, ya sea como alimento o —lo que es nuevo— como fuente de divisas. Sin embargo, el consumo de carne de animales salvajes favorece el contagio de una serie de virus nocivos para el hombre, como el del Ébola y, probablemente, el del sida.

La industria de la caza furtiva

En los últimos veinte años se ha organizado un auténtico tráfico de carne de animales salvajes. Un funcionario congoleño escribía en un reciente informe: «los principales responsables de este comercio ilegal son personas bien situadas o con cargos en la administración pública o la política. Estos individuos suministran armas, municiones y otros materiales a

Las especies víctimas en África

Los antílopes (cobs, búbalos y kudus) forman el grueso de estas víctimas, pero también hay muchos otros animales que son objeto de este tráfico como primates (monos pequeños, chimpancés, gorilas), elefantes, rinocerontes, hipopótamos, búfalos, etc. Por otra parte, la pobreza creciente de estas regiones ha acabado por eliminar los tabús alimentarios que existían sobre algunas especies (roedores, serpientes, pequeños carnívoros, insectos...) lo que provoca estragos aún mayores en los ecosistemas.

sus representantes locales que, a su vez, reclutan bandas de cazadores furtivos. Se trata de verdaderas empresas (...) y su actividad es tan provechosa que atrae a muchas personas que acaban especializándose en ella. Los cazadores disponen de fusiles de guerra, dispositivos sofisticados para cazar, medios de comunicación modernos, camiones, etc.».

Una protección insuficiente

El consumo local pasa así a un segundo plano, y miles de toneladas de carne es ahumada o salada para exportarla después a las ciudades, e incluso a otros países o continentes. Esta situación se ve agravada además por la precariedad de los dispositivos de conservación de la naturaleza. Así, la creación de una nueva reserva natural en África conlleva la llegada de cazadores furtivos que desean encontrar una elevada concentración de animales para sus fines. Dichos animales, además, están muy mal defendidos. Así por ejemplo, el parque nacional de Lobeke, en Camerún, sólo dispone de 10 guardias para 200 000 hectáreas, y están peor pagados y peor equipados que los cazadores furtivos.

Bajo la atenta protección de un guardia, es posible que este rinoceronte negro tenga más posibilidades que sus congéneres de escapar a las balas de un furtivo; pero dada la falta de medios para la vigilancia, el futuro de la especie es incierto.

El impacto de las medicinas «naturales»

Una parte significativa de la caza y de la recolección de especies amenazadas halla su explicación en las virtudes terapéuticas que se les atribuyen en algunos sistemas medicinales.

El impacto de las medicinas tradicionales

El 80 % de los habitantes del planeta cuenta como único recurso para curarse con la medicina tradicional y no tiene acceso alguno a la medicina moderna convencional. En Mozambique, por ejemplo, existe un curandero por cada 200 habitantes, y un médico por cada 50 000.

El cuerno del rinoceronte (aquí el rinoceronte blanco), al que se le atribuyen propiedades afrodisíacas, tiene un valor comercial incalculable en Yemen y en el mercado asiático.

Además, incluso en los países con un buen sistema sanitario, las medicinas paralelas o basadas en productos naturales están experimentando un importante desarrollo. El más conocido de estos sistemas sanitarios es la medicina tradicional china, que cuenta con millones de adeptos en Asia. Más de 1 000 especies vivas (de las cuales el 80 % son plantas) forman parte de su farmacopea. Pero otras prácticas análogas se hallan igualmente en vigor en todo el mundo. Sin duda sería injusto y simplista querer erradicar el conjunto de estos sistemas de prácticas de curanderos. La legislación china castiga con firmeza todo comercio de productos procedentes del tigre o del rinoceronte, incluso con la pena de muerte.

Sin embargo, el tráfico a gran escala continúa. Sin duda, la solución estriba en garantizar el diálogo entre las instituciones de conservación de la naturaleza y las comunidades practicantes de este tipo de medicina para afrontar conjuntamente el problema.

Productos obtenidos directamente del medio natural

La mayoría de los productos naturales que constituyen las farmacopeas tradicionales no

La farmacopea china utiliza numerosas sustancias producidas a partir de especies amenazadas, como muestran los hipocampos disecados y los derivados del tigre de venta libre en esta tienda de Hong Kong.

proceden del cultivo ni de la cría, sino que sencillamente se obtienen de la naturaleza.

Muchos proceden de especies amenazadas, y a menudo dicha amenaza se debe precisamente a este uso farmacéutico. Aparte del tigre y el rinoceronte (cuya sangre se considera de gran valor, y no sólo sus cuernos), muchas otras especies se utilizan ampliamente con estos fines, como por ejemplo los leones marinos, los felinos (panteras), aves (buitres), tortugas, serpientes, e incluso el caballito de mar, que se vende a 1 000 dólares el kilo en el mercado negro, lo que cuesta la vida a unos 20 millones de especímenes cada año.

Las plantas medicinales

El problema de la recolección de plantas medicinales es tan grave como el de la caza de animales. Un estudio realizado en Europa ha revelado que la industria de preparaciones a base de plantas importa más de 120 000 toneladas de vegetales cada año procedentes de 120 países, y que unas 150 especies de vegetales europeas se hallan también amenazadas por esta práctica.

Así, por ejemplo, cada año se recolectan 6 000 toneladas de genciana amarilla, de las que 2 500 salen de Francia. En España se cosechan anualmente 75 millones de matas de tomillo, el 90 % de las cuales se destina a la exportación. Aunque en estos dos países las poblaciones de dichas plantas parecen prósperas, es difícil predecir si podrán soportar durante mucho tiempo este nivel de cosechas. En cuanto a los países tropicales, aunque se dispone de pocos datos al respecto, todo parece indicar que se practica una recolección intensa: sólo las exportaciones de plantas medicinales de Brasil a Estados Unidos superan los 50 millones de dólares. Por ello, los científicos consideran que es urgente realizar un recuento de las especies afectadas y empezar a controlar su recolección.

La genciana amarilla es una de las especies europeas cuya recolección es más elevada; una solución para las especies que se cosechan en grandes cantidades sería promover de algún modo su cultivo.

Los estragos de la pesca

> El rápido progreso en las técnicas de pesca no ha supuesto
> un incremento de la pesca selectiva, sino que tanto aves como
> mamíferos, tortugas y pequeños peces están siendo diezmados
> más que nunca por los modernos procedimientos empleados.

Técnicas eficaces pero destructivas

Los medios de detección (radar, sonar, etc.), permiten a los modernos barcos de pesca detectar y posicionarse encima de los bancos de pesca con gran precisión. La flota mundial cuenta con numerosos buques factoría en los que se efectúa todo el proceso, desde la pesca hasta la congelación, por lo que estos barcos permanecen permanentemente sobre las zonas de pesca. Por otro lado, algunos métodos de pesca artesanales se han vuelto especialmente devastadores debido a su práctica abusiva. Así, en los entornos coralinos se suele utilizar la dinamita o el cianuro (en Filipinas, se utilizan cada año 150 toneladas de cianuro) al tiempo que las langostas son el objetivo de ejércitos de submarinistas equipados con botellas.

Barcos de pesca modernos como éste, fotografiado en aguas de la República de Sudáfrica, pueden almacenar miles de toneladas de pescado.

Las reservas pesqueras están sobreexplotadas

Según la F.A.O. el 60 % de las pesquerías mundiales están mal o nada administradas, y el 35 % están sobreexplotadas. Alrededor del 25 % de los peces que se pescan son devueltos al mar, más muertos que vivos, por ser demasiado pequeños. En el caso de los peces de alta mar, con un área de distribución muy extensa, los efectos de la pesca pueden verse compensados por una mayor fecundidad, por lo menos mientras dispongan de plancton. Pero en los peces de gran tamaño, de crecimiento lento y fecundidad más baja, esto no es posible. Las especies de

El bacalao, una especie muy amenazada

El bacalao (*Gadus morhua*) se halla en una situación crítica en aguas europeas. En el último cálculo se registraron 38 000 toneladas de especímenes sexualmente maduros, mientras que en 2001 dicha cifra era de 51 000 toneladas. Harían falta entre cinco o seis años de prohibición total de la pesca para recuperar un nivel de población viable.

hábitat limitado o las que acuden en grandes cantidades a zonas restringidas para reproducirse, pueden hallarse en peligro muy pronto.

Daños colaterales desastrosos

Pero los mayores daños causados por la pesca comercial son consecuencia de sus efectos indirectos. Así, los barcos arrastran las redes por el fondo marino, destruyendo las poblaciones de invertebrados y de larvas que viven en él. Por ello, las redes de deriva son muy peligrosas, pues estos muros verticales que alcanzan los 2,5 km de longitud atrapan todo lo que encuentran a su paso. Así, la pesca es la primera causa de mortalidad de focas (50 %) y de marsopas. Asimismo, alrededor del 25 %

Al igual que este león marino, estrangulado por los restos de una red, muchos mamíferos marinos mueren accidentalmente en las redes y anzuelos de los pescadores.

de los peces se devuelve al mar porque es de pequeño tamaño. En total, el volumen de presas muertas que se devuelve al mar sería comparable al número de capturas. Otros tipos de redes, como las formadas por cañas flotantes representan también un peligro mortal. Como consecuencia de estas prácticas, la totalidad de las 16 especies de albatros conocidas están amenazadas, así como 29 especies de petreles. A pesar de ello, existen soluciones como redes equipadas con dispositivos que permitan escapar a los animales grandes, la prohibición de pesca en las zonas donde las capturas involuntarias son importantes, etc. Pero las empresas pesqueras son especialmente reacias a este tipo de medidas pues reducirán los beneficios.

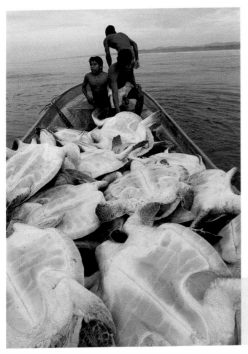

Las tortugas marinas no sólo sufren los daños colaterales de la pesca industrial (muchas mueren en las redes) y la contaminación, sino que también son exterminadas por la caza furtiva.

La envergadura del comercio mundial

Unos 350 millones de animales y de plantas amenazadas entran cada año en el circuito del comercio internacional, un comercio difícil de controlar y que suele tener consecuencias trágicas.

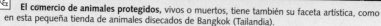

El comercio de animales protegidos, vivos o muertos, tiene también su faceta artística, como en esta pequeña tienda de animales disecados de Bangkok (Tailandia).

¿Cuál es el elemento en común que existe entre un sillón de caoba, una lata de caviar, una migala mexicana o un colgante de diente de tiburón? Pues que su comercio está regido por un convenio firmado por más de 150 países, el C.I.T.E.S. (Convention on the International Trade of Endangered Species creado en 1975), y que regula el comercio de especies amenazadas y de sus derivados. El objetivo de este convenio consiste en limitar el flujo comercial a un nivel que no ponga en peligro el futuro de las especies. Con este fin, en el C.I.T.E.S. dichas especies se han clasificado en tres anexos: el anexo I agrupa a aquéllas cuyo comercio está totalmente prohibido; el anexo II incluye las que están protegidas pero sujetas a la obtención de permisos, y el anexo III, aquéllas para las que existen restricciones

72

Un negocio rentable

En los países ricos, la mayor parte de los animales van a parar a manos de miles de coleccionistas o de aficionados a las mascotas exóticas. Tanto si éstos se aprovisionan en las tiendas de animales o en el mercado negro, inevitablemente su alto poder adquisitivo alenta la oferta. Así, por una víbora cornuda viva (por cada animal que llega vivo a su destino, al menos cinco han muerto durante el viaje), se pueden pagar hasta 230 000 dólares en Nueva York... Una suma que bien justifica los riesgos.

locales. El comercio regulado por el C.I.T.E.S. es, por tanto, un comercio legal que requiere declaraciones y permisos oficiales concedidos por sus estados miembros y que representa miles de millones de dólares cada año.

Millones de especímenes cada año

Las estadísticas que existen sobre este comercio no son fáciles de utilizar, ya que generalmente están organizadas (cuando están disponibles) especie por especie y estado signatario por estado signatario. Sin embargo, según el C.I.T.E.S., en 1997 se vendieron 25 733 primates vivos, 235 000 loros, 948 000 lagartos, y 344 000 orquídeas salvajes. A ello hay que añadir 1,6 millones de pieles de lagarto, 1,5 millones de pieles de serpiente y unas 800 000 pieles de cocodrilo. Estados Unidos se halla entre los mayores importadores de reptiles del mundo: en 1997, por ejemplo, importó más de 1,7 millones, en su mayoría iguanas, así como una elevada cantidad de pitones reales (*Pitón regius*) y de boas constrictor.

Un tráfico difícil de erradicar

Estas impresionantes cifras sólo constituyen la punta del iceberg, puesto que el comercio ilegal escapa a estas estadísticas, aunque afecte a todas las especies y, en especial, a las incluidas en el anexo I, es decir, a las más vulnerables. Además, el comercio ilegal es muy complejo ya que se realiza a través de múltiples redes descentralizadas, difíciles de identificar por las autoridades, y que se reconstruyen rápidamente apenas desmanteladas. Además, las personas encargadas de hacer aplicar la ley están, con frecuencia, poco preparadas, y los traficantes logran confundirlos con facilidad haciendo pasar a una especie por otra.

Hay que admitir que no es fácil para alguien que no sea especialista distinguir a simple vista las pocas decenas de especies amenazadas de entre las 3 000 orquídeas tropicales que existen. Sin tener en cuenta que la policía y los aduaneros, que vigilan también la delincuencia y el tráfico de drogas, no están siempre convencidos de la importancia que supone identificar a las especies presentes en un lote de cotorras o de peces decorativos...

La captura de crías de loros en sus nidos (aquí un joven amazona capturado en América Central) responde tanto a la demanda local como a las exigencias del tráfico internacional de los animales de compañía.

E n comparación con los otros grandes procesos que incumben a la actividad humana (finanzas, comercio, salud, clima) el deterioro de la biodiversidad es el que menos interesa a los gobiernos. Oficialmente se han censado 11 167 especies amenazadas, pero en vista de la enorme proporción de la biosfera que aún se desconoce, es de suponer que dicho número sea mucho mayor. Las páginas siguientes tratan sobre las categorías de los distintos seres vivos en peligro de extinción que son significativas por diversos motivos. Estas categorías abarcan desde una sola especie (el tigre), hasta el 95 % de los seres vivos (los invertebrados).

Para capturar a este bebé gorila, habrá que matar primero a la madre y probablemente a una parte del clan en el que la cría ha nacido.

Especies amenazadas

¿Cómo se define una especie amenazada?

> No es fácil evaluar de un modo riguroso la amenaza que pesa sobre una especie y menos aún cuantificarla. La U.I.C.N. lleva dedicándose a esta tarea desde hace cincuenta años.

La «Lista Roja» de la U.I.C.N.

El concepto de especie amenazada es difícil de definir: la población de urogallos (*Tetrao urogallus*), ha disminuido en Francia, pero se ha mantenido en Escandinavia.

A largo plazo todas las especies pueden desaparecer de forma natural. La palabra «amenazada» transmite una idea de urgencia que es difícil de cuantificar, ya que sobre el terreno se encuentran situaciones muy diferentes. La U.I.C.N. (Unión internacional para la conservación de la naturaleza) desde hace cincuenta años evalúa el nivel de riesgo al que están sometidas las especies vivas. Esta asociación publica una «Lista Roja de las especies amenazadas» que se actualiza constantemente. La U.I.C.N. es especialmente reconocida por su elevado nivel científico (agrupa a más de 10 000 especialistas de 181 países) así como por su seriedad y objetividad.

Categorías definidas a partir de cinco criterios

La U.I.C.N. ha definido una serie de criterios que permiten que cada país pueda atribuir una categoría determinada a cualquier especie presente en su territorio. Estos criterios se aplican tanto a las plantas como a los animales, con excepción de los microorganismos, y tienen en cuenta los principales elementos que de-

Las principales categorías de la U.I.C.N.

«En peligro crítico de extinción» *(Critically endangered)* designa evalúa a aquellas especies cuyo riesgo de extinción es «extremadamente elevado» y en un «futuro inmediato».
«En peligro de extinción» *(Endangered)* se aplica a los organismos que presentan un riesgo «muy elevado» de extinción en un «futuro próximo».
«Vulnerable» se dice de aquellas especies cuyo riesgo es «elevado» a «medio plazo».
Estos tres grupos agrupan a las especies amenazadas. Las otras especies, denominadas de «menor riesgo» *(Lower risk)* se dividen también en varias subcategorías. A todo ello hay que añadirle, además, las especies de las que no se poseen datos *(Data deficient)*, las que se han extinguido en estado salvaje, y por último las que están totalmente extinguidas.

La tuátera (*Sphenodon punctatus*) habitaba antes en todo el territorio de Nueva Zelanda. En la actualidad, su área de distribución se limita a algunos islotes.

finen el estado de salud de una especie. Cuando una especie cumple uno de los cinco criterios que definen una categoría determinada, se considera que pertenece a dicha categoría, incluso si no responde a los otros criterios o no existe información sobre ellos. Ello conlleva una gran ventaja, pues una especie que no se ha conseguido censar, pero cuya área de distribución es frágil y se halla en rápida regresión, también puede incluirse en la lista. Otras tareas que es necesario realizar, aunque sea con cierto nivel de aproximación (siempre que sea legítimo desde el punto de vista científico) son obtener planos sobre los territorios, censos, capturas, estudios de distribución, etc. Sin embargo, la obtención de datos suele ser laboriosa, por lo que

El caracará estriado (*Phalcoboenus australis*), que habita en Tierra de Fuego y en las islas Malvinas, no está amenazado pero es muy vulnerable: sus efectivos no sobrepasan las 500 parejas.

el número de especies evaluadas aún es muy bajo. Hasta el momento, la U.I.C.N. se ha pronunciado sobre unas 18 000 especies, lo que probablemente representa alrededor del 0,1 % de los seres vivos.

Mapa *(páginas siguientes)*

Aunque la U.C.I. ha cansado oficialmente 18 000 especies amenazadas existen más de 5 000 especies animales y 34 000 especies vegetales en peligro de extinción en un plazo más o menos largo. Algunas especies están prácticamente extinguidas. Estas cifras no reflejan la realidad, pues muchas especies todavía desconocidas para el hombre desaparecen sin que este llegue a saber de su existencia.

Especies amenazadas **77**

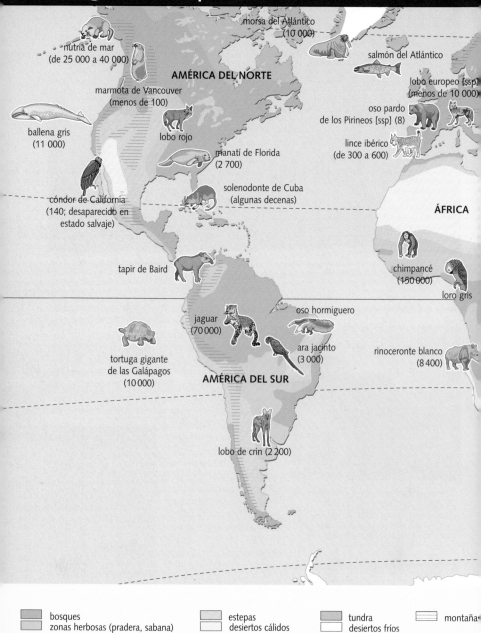

Algunas especies amenazadas

morsa del Atlántico
(10 000)

nutria de mar
(de 25 000 a 40 000)

salmón del Atlántico

AMÉRICA DEL NORTE

marmota de Vancouver
(menos de 100)

lobo europeo [ssp]
(menos de 10 000)

oso pardo
de los Pirineos [ssp] (8)

ballena gris
(11 000)

lobo rojo

manatí de Florida
(2 700)

lince ibérico
(de 300 a 600)

cóndor de California
(140; desaparecido en
estado salvaje)

solenodonte de Cuba
(algunas decenas)

ÁFRICA

chimpancé
(150 000)

tapir de Baird

loro gris

jaguar
(70 000)

oso hormiguero

tortuga gigante
de las Galápagos
(10 000)

ara jacinto
(3 000)

rinoceronte blanco
(8 400)

AMÉRICA DEL SUR

lobo de crin (2 200)

bosques
zonas herbosas (pradera, sabana)

estepas
desiertos cálidos

tundra
desiertos fríos

montaña

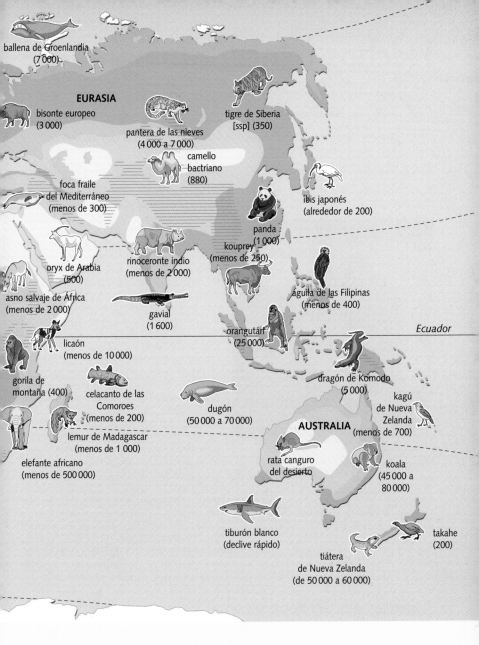

ballena de Groenlandia
(7 000)

EURASIA

bisonte europeo
(3 000)

pantera de las nieves
(4 000 a 7 000)

tigre de Siberia
[ssp] (350)

camello
bactriano
(880)

ibis japonés
(alrededor de 200)

foca fraile
del Mediterráneo
(menos de 300)

panda
(1 000)

kouprey
(menos de 250)

oryx de Arabia
(500)

rinoceronte indio
(menos de 2 000)

águila de las Filipinas
(menos de 400)

asno salvaje de África
(menos de 2 000)

gavial
(1 600)

Ecuador

orangután
(25 000)

licaón
(menos de 10 000)

dragón de Komodo
(5 000)

kagú
de Nueva
Zelanda
(menos de 700)

gorila de
montaña (400)

celacanto de las
Comoroes
(menos de 200)

dugón
(50 000 a 70 000)

AUSTRALIA

lemur de Madagascar
(menos de 1 000)

rata canguro
del desierto

koala
(45 000 a
80 000)

elefante africano
(menos de 500 000)

tiburón blanco
(declive rápido)

takahe
(200)

tiátera
de Nueva Zelanda
(de 50 000 a 60 000)

[ssp] : designa una subespecie

0   2 000 km

Escala en el ecuador

Hechos e incertidumbres

El conocimiento de la naturaleza es aún muy fragmentario para poder definir el grado de amenaza que pesa sobre las diferentes categorías de seres vivos. Pero la situación se está agravando.

Un pozo de incertidumbre

Por el momento, sólo 18 000 especies han sido objeto de una evaluación de su estado de conservación y 11 167 de ellas están consideradas amenazadas en diferentes grados.

El lince ibérico (*Lynx pardinus*), que ha pasado de 1 200 individuos a menos de 600 en 10 años, puede ser el primer felino salvaje desaparecido desde hace 2 000 años.

Los únicos grupos de tamaño significativo evaluados en su totalidad son las aves y los mamíferos (4 763 y 9 946 especies, respectivamente) que están amenazados en una proporción del 12 % y el 24 %. Pero de estas cifras no es posible deducir prácticamente ninguna información relativa al resto de los seres vivos, pues la situación del 0,1 % de las especies sólo puede dar una vaga idea sobre el estado del 99,9 % restante. Y más teniendo en cuenta que las aves y los mamíferos son seres vivos muy particulares: en primer lugar, porque son objeto de mayor simpatía que otros animales como los caracoles, las medusas y los gusanos marinos y, por lo tanto, están mejor protegidos. Así, tanto los tigres y los rinocerontes como el águila real y el albatros forman parte de programas de conservación a nivel internacional; en segundo lugar, porque son animales terrestres (de hecho no se conoce el estado real de los medios acuáticos, aunque las aguas dulces, en especial, están muy degradadas a nivel global); y por último, porque las aves y los mamíferos forman parte de los gigantes de la biosfera, aunque está constituida, en su mayor parte, por invertebrados (y evidentemente, también de microorganismos). En consecuencia, si el 12 % de aves y el 24 % de mamíferos amenazados son cifras inquietantes, todo parece indicar que el resto del reino animal se encuentra en una situación aún más crítica.

Objetivos difíciles de alcanzar

La U.I.C.N. tiene como objetivo a corto plazo completar la evaluación de los anfibios (5 000 especies), los reptiles (8 000 especies) y los peces de agua dulce (10 000 especies).

🔍 **¿Cuál es la situación** objetiva de esta pequeña rana arborícola, endémica del sudeste de Madagascar? Es imposible conocerlo si no se dispone de estudios. Se sabe, sin embargo, que la deforestación constituye para ella una importante amenaza.

Dicha organización pretende también terminar en los próximos años el informe sobre tiburones y rayas (1 000 especies) y sobre moluscos de agua dulce (5 000 especies), lo que, sin duda, requerirá una elevada cantidad de medios científicos y financieros. Y después, aún quedará por seleccionar y estudiar grupos significativos de invertebrados, plantas y organismos marinos. Hay que señalar que la lista de especies amenazadas aumenta cada año, lo que podría ser debido sencillamente al avance de los conocimientos.

Las aguas dulces de América del Norte

Una asociación americana (*The nature conservancy*) ha evaluado el estado de conservación de unas 20 000 especies de América del Norte, generalmente mal conocidas. Según dicha asociación, que utiliza criterios semejantes a los de la U.I.C.N., el 69 % de los bivalvos, el 51 % de los cangrejos de río, el 43 % de perlas, el 37 % de los peces y el 36 % de los anfibios se hallan en peligro. Estas cifras resultan aún más impresionantes teniendo en cuenta que América del Norte posee una legislación y unas autoridades encargadas de proteger el medio ambiente, lo que no ocurre en el buena parte del planeta.

perla

Pero, además, algunas especies (primates, albatros, petreles, pingüinos) pasan poco a poco de las categorías menos amenazadas a aquéllas para las que el peligro es apremiante. A veces, esta situación se da en dirección opuesta, pero es mucho menos frecuente lo que indica la existencia de un deterioro general de la situación de las especies amenazadas.

Invertebrados amenazados

La enorme importancia numérica y ecológica de los invertebrados contrasta con la poca importancia que se les atribuye y con el poco conocimiento que se tiene de ellos.

Una prodigiosa diversidad de especies

Si se ha elegido hablar de los invertebrados amenazados antes que de otras especies más conocidas es para señalar la manifiesta distorsión de nuestros conocimientos y afinidades. Sin duda, los invertebrados forman un conjunto heterogéneo que incluye a todos los animales sin esqueleto interno y entre los que se cuentan animales tan dispares como el erizo de mar, la medusa, la lombriz de tierra, la araña, el mejillón, el saltamontes o la mariposa. De hecho, los invertebrados han sido muy poco estudiados, y más teniendo en cuenta que representan el 95 % de las especies que se han descrito, y que sólo los insectos suponen el 75 %. «El Creador debía sentir una gran pasión por los coleópteros», comentó con humor el biólogo John B. S. Haldane (1892-1964). Efectivamente, una de cada cuatro especies vivas es un insecto, y el orden de los coleópteros alberga por sí solo 10 veces más de especies que la suma de especies existentes de mamíferos, aves, reptiles, anfibios y peces.

Sin duda los avances de la ciencia contribuirán a confirmar este predominio, pues los biólogos estiman que mientras que actual-

Víctima de la agroquímica, el ciervo volador, uno de los coleópteros más bellos y mayores de Europa, ha desaparecido en muchas regiones.

mente quedan menos de 5 000 vertebrados por describir, en el caso de los invertebrados esta cifra podría ser de entre 5 y 8 millones de insectos. Es probable que en los medios oceánicos aparezca un extraordinario número de especies de este grupo.

Los invertebrados, en la base del ciclo de la vida

Los invertebrados tienen también una gran importancia ecológica. Los invertebrados son unos polinizadores irreemplazables. Muchos vegetales, incluidas las especies agrícolas, dependen para su polinización de determinadas especies de insectos, e incluso de una sola, por lo que su desaparición tendría consecuencias catastróficas para todo el reino vegetal.

Las langostas migratorias constituyen una plaga que invade periódicamente el continente africano. Pero la lucha química que habitualmente se utiliza para destruirlas resulta perjudicial para el entorno.

Por otra parte, gusanos como la lombriz de tierra también cumplen una importante función al fertilizar y airear el suelo. Y otros coleópteros, como el escarabajo pelotero, contribuyen igualmente a la fertilidad del suelo al degradar los excrementos animales.

Los invertebrados, unos pesos pesados

A pesar de su reducido tamaño, los invertebrados son los verdaderos pesos pesados del planeta. Se ha calculado que la cantidad total de lombrices de tierra y de artrópodos terrestres que hay en Estados Unidos es de 1 000 kg/ha, mientras que la de vertebrados terrestres es de 36 kg/ha, casi 30 veces menos. En los medios oceánicos, la balanza se inclina aún más a favor de los invertebrados teniendo en cuenta la enorme masa que representa el plancton marino.

En términos generales se puede decir que el trabajo de reciclaje de la materia realizado por las bacterias sólo es eficaz cuando ha sido preparado por los invertebrados. Por último, hay que señalar que éstos participan plenamente en las grandes cadenas alimentarias, en las que juegan un papel clave pues, de hecho, muchos vertebrados son insectívoros y en especial las aves. Asimismo en el océano el plancton constituye la base de la alimentación de todos los peces.

Un hábitat limitado y vulnerable

El estado de conservación de los invertebrados es, en todos los lugares donde se ha estudiado, ciertamente preocupante. Al ser menos fuertes y menos móviles que los mamíferos o las aves, los invertebrados suelen vivir en estrecha asociación con un hábitat determinado, lo que aumenta su vulnerabilidad. Así, por ejemplo, el coleóptero *Polposipus herculaneus* sólo se encuentra en los árboles muertos de un pequeño islote del archipiélago de las Seychelles. En cuanto a la *Glaucopsyche cerces*, una mariposa endémica de las dunas que rodean San Francisco, debe a la expansión de la ciudad el triste privilegio de ser la primera especie de insecto oficialmente desaparecida en América del Norte. Sin duda, la destrucción de hábitats naturales que se está produciendo a escala planetaria está provocando la desaparición de muchas especies conocidas, pero también de otras de las que no se ha llegado siquiera a conocer su existencia. Por otra parte, el acondicionamiento de los cursos de agua también causa estragos. Así, se estima que el 20 % de los insectos de Norteamérica están amenazados a causa de estas intervenciones, pues muchos insectos volantes, sobre todo las libélulas y las efímeras, viven en el agua durante su etapa larvaria. Las efímeras son especialmente vulnerables, y de hecho en Estados Unidos una de cada dos especies está amenazada. En Europa, la araña acuática *Dolomedes fimbriatus* se halla en peligro de extinción debido al desecamiento de las zonas húmedas. La construcción de embalses, en especial para regular las crecidas, es la causa de la desaparición de medios ricos en especies de invertebrados.

Las libélulas están amenazadas por la desaparición de los humedales y por el deterioro de la calidad de las aguas dulces donde se desarrolla su vida larvaria.

Pesticidas que acaban con todo

Los insectos fitófagos, que son la mayoría, suelen vivir en simbiosis con una planta única, lo que aumenta su fragilidad. Puesto que en la agricultura moderna se favorecen las especies productivas pero poco resistentes a los insectos, es necesario utilizar grandes cantidades de insecticidas que, a pesar de que se someten a pruebas para garantizar su inocuidad frente a los vertebrados, terminan causando estra-

veinticinco veces menos caro que un pájaro

Las estadísticas americanas constituyen una buena ilustración de la falta de interés de la que son víctimas los invertebrados cuando se trata de financiar su conservación, incluso en aquellos entornos que se ocupan de la protección de la naturaleza. Así, en 1991, se destinaron 1,1 millones de dólares a cada una de las especies de aves protegidas en concepto de diversas medidas de protección, cifra que se vio reducida a 684 000 dólares en el caso de los mamíferos. En cuanto a los invertebrados sólo se destinaron 44 000 dólares por especie.

[Fitófago]
Animal que se alimenta de materia vegetal (hojas, tallos, frutos, polen).

[Coprófago]
Invertebrado que se alimenta de excrementos animales contribuyendo así a la descomposición de los desechos.

gos en las poblaciones de insectos que, sin ser perjudiciales para la agricultura, viven en el área de cultivo. Para intentar limitar el uso de pesticidas se ha recurrido a la lucha biológica, que consiste en introducir un parásito o un depredador de una especie dañina, que a su vez suele haber sido introducida artificialmente. Pero los efectos de este método pueden ser desastrosos, pues en lugar de atacar a la especie prevista, los nuevos parásitos acaban atacando a las especies locales. En Hawai, el 83 % de los parásitos detectados en las mariposas locales son agentes surgidos de la lucha biológica. Asimismo, algunas sustancias utilizadas como vermífugos en la cría de animales son altamente tóxicas. Estos productos diezman las poblaciones de invertebrados coprófagos y la fauna del subsuelo, impidiendo el reciclaje de las materias fecales del ganado.

Las fumigaciones con pesticidas o herbicidas (aquí, en Nueva Zelanda), realizadas desde hace decenios a nivel industrial, han contaminado gravemente algunos ecosistemas, perjudicando a las poblaciones de invertebrados.

¿Están condenados los grandes simios?

Las poblaciones de grandes simios disminuyen de forma drástica por lo que puede que en un futuro cercano el estudio de la etología de nuestros parientes más cercanos sólo se pueda realizar en los zoológicos.

Los grandes simios (de izquierda a derecha y de arriba abajo: bonobo, orangután de Borneo y gorila de montaña), los más próximos al hombre desde el punto de vista biológico, están en peligro de extinción.

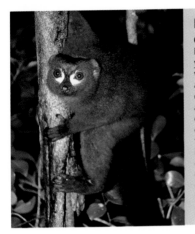

El resto de los primates tampoco está a salvo

La situación del conjunto de los primates es dramática y se está agravando rápidamente. Estas especies son víctimas de la caza, principalmente destinada a la alimentación, así como también de la deforestación, del tráfico de animales jóvenes y la experimentación animal (macacos, chimpancés), y de los coleccionistas de trofeos (gorilas). En los últimos cinco años el número de especies amenazadas ha pasado de 96 a 116 sobre un total aproximado de 170. Después de seis años de investigaciones en las selvas de Ghana y de Costa de Marfil, los científicos han constatado la desaparición definitiva del colobo rojo (*Procolobus badius waldroni*), el primer primate extinguido durante el siglo XX. Este mono, que se cazaba por su carne, no ha sido visto desde hace 30 años.

Crónica de una catástrofe anunciada

Algunos primates como los grandes simios se hallan al borde de una extinción que parece inevitable. Se trata de animales de gran tamaño, y por tanto, de densidades bajas. Además, su ritmo de reproducción es especialmente lento. La mayoría de las especies viven en la selva, y especialmente en la selva tropical. La desaparición de los grandes simios constituiría una catástrofe particularmente grave, ya que se trata de animales de los cuales todavía tenemos mucho que aprender sobre nuestra propia naturaleza y nuestros orígenes. Aunque los hombres comparten con los chimpancés el 99 % de sus genes, sólo hace apenas una treintena de años que se comenzaron a estudiar las comunidades de grandes simios. Los investigadores han descubierto comportamientos sociales sorprendentes entre estos animales; también se han observado estrategias individuales así como la existencia de personalidades sutiles y diferenciadas. Dada la situación actual, se corre el riesgo de que estos trabajos ya no puedan llevarse a cabo por falta de individuos para estudiar.

El ocaso de los simios

Se calcula que las poblaciones de orangutanes, que viven principalmente en Sumatra y en Borneo, suman entre 14 000 y 110 000 individuos. Estos primates habitan en un tipo de selva que se halla entre las más explotadas del planeta, por lo que la instauración de zonas protegidas constituye una urgente necesidad para garantizar su preservación. Asimismo, también quedan menos de 45 000 gorilas, de los cuales sólo subsisten 300 ejemplares del gorila de las montañas (*G. g. beringei*), la más amenazada de las tres subespecies, que vive en la República Democrática del Congo, en Ruanda y en Uganda. Por otra parte, los efectivos de las tres subespecies de chimpancés (*Pan troglodytes*) suman alrededor de 200 000 ejemplares pero están disminuyendo rápidamente. Se calcula que la más amenazada de ellas, la *P. t. verus*, cuenta con sólo 17 000 individuos. Por último, los bonobos (*Pan paniscus*), unos parientes de los chimpancés con comportamientos peculiares y relaciones sociales particularmente sofisticadas, sólo son 13 000. Y la situación de los gibones, que viven en el sureste de Asia, es igualmente crítica.

El inexorable declive del tigre

El tigre está desapareciendo a pesar de todas las medidas
de protección para salvarlo, lo cual constituye un precedente
poco alentador para el resto de las especies.

Efectivos en constante regresión

A comienzos del siglo XX aún quedaban 300 000 tigres que poblaban una gran área de distribución que se extendía desde el mar Caspio hasta Extremo Oriente. De éstos, en 1945 sólo subsistían 100 000 y, en 1970, 15 000. Los efectivos actuales se estiman entre 5 000 y 7 500 ejemplares. Desde 1945, de las 8 subespecies de tigres que existían han desaparecido 3, y de las otras 5, el tigre de China del Sur cuenta con apenas 30 ejemplares, y los de Siberia y Sumatra alrededor de 400 cada una. Los tigres se encuentran distribuidos en una decena de países pero es en la India (con el famoso tigre de Bengala) donde se encuentra la población más importante, probablemente más de la mitad de la especie.

El «proyecto tigre», puesto en marcha en la India en la década de 1970, fracasó debido a la oposición con que chocaron las reivindicaciones esgrimidas por las comunidades que vivían cerca de las reservas acerca de la necesidad de mejorar sus medios de vida.

Demasiadas desventajas

El tigre reúne una serie de desventajas que dificultan su supervivencia. Por un lado, su estatus de gran carnívoro no despierta precisamente las simpatías de las poblaciones locales. Por otro, sus necesidades nutritivas son importantes, pero la caza y las actividades humanas reducen la cantidad de presas a su disposición. Los tigres viven principalmente en la selva, un medio que se está viendo reducido a su mínima expresión. Pero, sobre todo, se trata del animal fetiche por excelencia de la medicina tradicional china, que cuenta con millones de adeptos en todo el mundo. Prácticamente todas las partes de su cuerpo tienen una función terapéutica, aunque lo más apreciado son sus huesos. Sólo el cuerpo de un tigre recién cazado vale unos 6 000 dólares, y sus diferentes partes, una vez comercializadas, pueden alcanzar los 5 millones. Sin embargo, los ingresos de los campesinos asiáticos que comparten su hábitat con el tigre raramente superan los 10 dólares al mes. Dada esta situación es evidente que el precio de un tigre es una provocación permanente a la caza furtiva, caza que los distintos estados nunca han logrado erradicar, sobre todo teniendo en cuenta que sus mismas autoridades están implicadas en ella. Para evitar la desaparición del tigre hay que aplicar una política enérgica que permita erradicar el tráfico clandestino y cuente, además, con el apoyo de las poblaciones locales, pues es fundamental que éstas tomen conciencia de la importancia que tiene la preservación de esta especie.

El guepardo (*Acinonyx jubatus*) es una especie en constante regresión.

Los felinos en peligro

Aunque el tigre se halla particularmente amenazado, otros muchos felinos también se encuentran en una situación crítica. Estos grandes animales necesitan territorios extensos para cazar, por lo que son especialmente sensibles a la expansión de las actividades humanas. Éste es el caso del ocelote (9 000) en América Latina, del leopardo de las nieves (5 000) en Asia, del lince ibérico (600) en Europa, y del guepardo (25 000) en África. El león, por ejemplo, ha desaparecido de buena parte de su área de distribución histórica, y concretamente del Atlas marroquí (en 1922).

Un precedente inquietante

El proceso de extinción del tigre es particularmente inquietante en la medida en que manifiesta la incapacidad de la humanidad para frenar la desaparición de las especies. Sin duda, resulta realmente preocupante pensar cómo podremos salvar a los invertebrados del subsuelo si no somos capaces de salvar a un animal como el tigre.

El ocelote (*Leopardus pardalis*), un pequeño felino nocturno de Latinoamérica muy codiciado por su piel, figura en el anexo I del C.I.T.E.S. (comercio prohibido).

Los tiburones: cazadores cazados

Estos grandes depredadores oceánicos sufren la misma suerte que sus homólogos continentales: una rápida disminución de la mayoría de especies como consecuencia de la acción del hombre.

El **tiburón blanco** (*Carcharodon carcharias*) es uno de los animales preferidos por los cazadores de trofeos, que gustan de fotografiarse al lado de su presa y exhibir en su salón su impresionante mandíbula.

Víctimas de daños colaterales

Las aproximadamente 400 especies de tiburones que habitan en los océanos no tienen prácticamente ningún depredador aparte de sí mismos. Los tiburones viven muchos años (hasta los 70) y alcanzan la madurez sexual bastante tarde (a los 20 años), como la mayoría de los animales de gran tamaño, que se hallan en la cima de la cadena alimentaria. Cuando un animal no tiene depredadores, no existe ninguna necesidad evolutiva que le lleve a reproducirse con rapidez ni en abundancia. Pero a los tiburones, presentes en la naturaleza desde hace 400 millones de años, en los últimos decenios les ha salido un terrible depredador: el *Homo sapiens*.

Los principales daños causados por el hombre a los tiburones son involuntarios: los pescadores atrapan tiburones en sus redes cuando pescan otras especies, y los devuelven al agua muertos. En 1995, un total de 40 000 tiburones azules murieron en las pesquerías americanas del Atlántico norte y en el golfo de México. Aunque casi nunca se declaran, estas capturas llamadas secundarias, se valoraron en 1991 en 70 000 toneladas, una cantidad prácticamente igual a la de las capturas oficiales.

Un interés comercial en aumento

Recientemente, la pesca intencionada de tiburones ha experimentado un considerable aumento. Sólo las exportaciones de aletas de tiburón se han doblado en los últimos años. Para obtenerlas, se suele aplicar una práctica bastante cruel y tristemente generalizada que consiste en cortarles las aletas en el mismo barco de pesca y devolver después al animal mutilado al mar. Asimismo, el aceite de hígado de tiburón, muy rico en vitamina A, también es objeto de un consumo creciente, al igual que la carne, particularmente apreciada en Gran Bretaña en forma del *fish-and-chip* nacional. Del hígado se extraen sustancias como el escualeno, muy utilizadas en cosmética y farmacia. Y según fuentes poco fiables, se supone que su cartílago posee propiedades anticancerosas. Aunque por el momento se ignora si realmente cura, sí se conocen sus beneficios: al parecer una empresa de Costa Rica transforma cada año 2,8 millones de tiburones en comprimidos de cartílago.

El tiburón azul (*Prionace glauca*) es una víctima «colateral» habitual de la pesca industrial.

Entre las especies de tiburón más amenazadas destacan el tiburón oscuro (*Carcharinus obscurus*), cuyas poblaciones en el Atlántico norte han descendido un 80 % en sólo algunos decenios, o el tiburón peregrino (*Cetorhinus maximus*), un gran consumidor de plancton gigante de gran interés comercial por el tamaño de su hígado (hasta el 25 % de su peso corporal). Y por último, el tiburón blanco (*Carcharodon carcharias*), una estrella de cine involuntaria que se ha convertido por este motivo en un trofeo muy codiciado a pesar de su escasa población.

Una función ecológica estratégica

Se estima que entre 30 y 100 millones de todas las especies de tiburones mueren cada año. Esto tiene importantes efectos en el conjunto del ecosistema marino, dado el lugar que los tiburones ocupan en él, pues en el reino animal, los grandes depredadores son los que garantizan la existencia de un nivel sanitario satisfactorio en las poblaciones de sus presas al eliminar selectivamente a los ejemplares enfermos o débiles; también depende de ellos una parte del equilibrio entre las diferentes especies.

Las plantas, indispensables para la vida

En el reino vegetal se están produciendo graves trastornos que repercutirán inevitablemente en el resto de los seres vivos.

Algunas plantas que antes eran habituales, como el aciano, se han visto seriamente afectadas por el uso masivo de herbicidas en la agricultura.

En la base de la vida

La biosfera (es decir, el conjunto de los seres vivos) se fundamenta en los vegetales. Éstos son los únicos capaces, por medio de la fotosíntesis, de transformar en sustancias nutritivas el gas carbónico presente en la atmósfera; sustancias que servirán de carburante y de materiales de construcción a la totalidad de los seres vivos. En total, las plantas terrestres producen cada año 120 mil millones de carbono orgánico. Aparte de este papel fundamental, los vegetales realizan muchas otras funciones ecológicas: producen oxígeno, impiden la erosión del suelo, regulan los flujos de agua, y estabilizan el clima a nivel local. Todo esto hace especialmente preocupante la amenaza que pesa sobre todas las especies vegetales.

Dos terceras partes de las plantas en peligro a finales de siglo XXI

Sin duda, se trata de una amenaza difícil de cuantificar pero no por ello menos cierta. Según la organización norteamericana The Nature Conservancy (T.N.C.), un tercio de las especies vegetales del continente americano están amenazadas. La U.I.C.N. ha calculado 5 611 plantas amenazadas sobre el planeta pero el número de especies que se ha evaluado es muy bajo (el 4 % del total), y esta cifra está muy por debajo de la cantidad real. Más significativa es la situación de las coníferas, el único grupo vegetal totalmente evaluado que incluye 140 especies amenazadas, un 16 % del total. Por otra parte, el XVI Congreso internacional de botánica concluyó que si no se toman medidas pronto, las dos terceras partes de las especies vegetales estarán en peligro a finales del siglo XXI.

En las pendientes del monte Kenya existe una flora original (en la imagen, unas lobelias) que además de estabilizar los suelos frágiles, participa en el ciclo del agua.

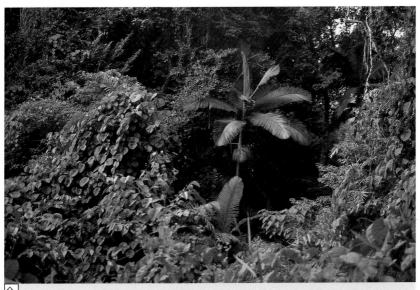

⊕ **En el bosque tropical,** millones de organismos ocupan los diferentes nichos ecológicos que se suceden en altura, desde el tronco de los árboles hasta sus ramas superiores.

Consecuencias incalculables

La extinción de algunas especies vegetales se verá, en parte, compensada por el desarrollo de otras, que retomarán las funciones de las desaparecidas. Pero un descenso drástico de la diversidad vegetal supone igualmente un fuerte impacto sobre la diversidad de los restantes seres vivos. Existe un gran número de invertebrados que están estrechamente asociados a una determinada especie vegetal o a un grupo reducido de ellas. Y lo mismo ocurre con los hongos: aunque se está empezando apenas a conocer la riqueza de sus alianzas con las plantas superiores, parece que éstas viven de forma habitual en asociación con una cincuentena de especies de hongos como media. Sin duda, se trata de asociaciones bastante reducidas, pues la mayoría de los árboles se consideran «especies portadoras», y en especial los grandes árboles tropicales. Así, cada ejemplar lleva consigo un auténtico ecosistema formado por varias cadenas alimentarias; los invertebrados fitófagos que viven en simbiosis con dicho árbol son, a su vez, presa de invertebrados más grandes, que son, asimismo, consumidos por vertebrados insectívoros. Si se tiene en cuenta que un sólo árbol tropical puede albergar a varios centenares de especies de coleópteros, es posible imaginar la diversidad que desaparece con su portador.

Una destrucción irreversible

En muchos medios la desaparición de ciertas especies vegetales no supone su reemplazo espontáneo por otras. En los medios áridos, por ejemplo, las extinciones provocadas por el sobrepastoreo o la recolección excesiva afectan precisamente a las únicas plantas capaces de sobrevivir. Toda esperanza de regenerar el ecosistema resulta entonces imposible.

Una multitud de seres desconocidos

Algunas ramas de los seres vivos son tan poco conocidas que es ilusorio intentar conjeturar cómo evolucionan las especies que las constituyen.

Una multitud invisible bajo nuestros pies

Algunos grupos de seres vivos de pequeño tamaño apenas son conocidos por la ciencia. Y, sin embargo, están formados por millones de individuos (de hecho se calcula que en un bosque templado caducifolio puede haber más de 7 000 invertebrados en una superficie equivalente a la huella de un zapato del número 43). Sin duda se trata de animales que pertenecen a grupos muy diversos: gusanos, arañas, crustáceos, insectos... El caso de los nematodos (minúsculos gusanos invisibles a simple vista) es revelador: sólo se han descrito

4 500 especies, aunque existen más de un millón. Estos organismos que proliferan en todos los medios (hasta 3 millones de individuos por metro cuadrado) tienen una importancia geológica considerable. Se desconoce cómo reaccionan estas inmensas poblaciones a los fertilizantes y a los pesticidas, a la contaminación atmosférica y a los cambios de clima. Tampoco se conoce qué especies disminuyen y cuáles proliferan. Por otra parte, se cree que inmensas poblaciones de invertebrados, por ahora desconocidos, pueblan los fondos marinos por debajo de la zona iluminada (alrededor de –200 m). Pero sobre ellos no se sabe prácticamente nada ni de su composición ni aún menos de su evolución.

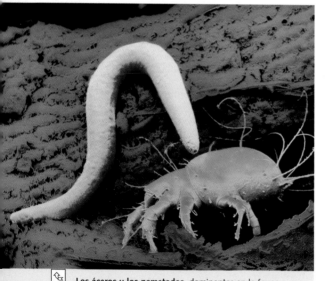

 Los ácaros y los nematodos, dominantes en la fauna del subsuelo, son todavía poco conocidos. Estos minúsculos animales tienen una función crucial en la fertilidad de los suelos.

El enigma de los microorganismos

Pero nuestra ignorancia respecto al universo de los microorganismos (seres compuestos por una sola célula) es todavía mayor. Así por ejemplo, se han descrito unas 4 000 especies de hongos microscópicos, cuando en realidad existen entre 1 y 2 millones, cuya función ecológica, sobre todo en el ciclo del carbono, es muy importante. Otro ejemplo: se clasifican todos los organismos oceánicos de tamaño inferior a 3 micras (la micra equivale a una milésima de milímetro) en la categoría de picoplancton. El picoplancton es mayoritariamente clorofílico, pues sintetiza enormes cantidades de oxígeno y constituye la base de la alimentación del resto del plancton. En algunas zonas del océano representa el 80 % de la biomasa. Y, sin embargo, apenas se han descrito algunas decenas de especies. En este sentido, el trabajo de los oceanógrafos es muy complejo ya que la mayor parte de estos organismos son muy difíciles de diferenciar, incluso con los microscopios más potentes. No obstante,

Bajo este tapiz de hojas muertas, un gramo de humus contiene hasta 10 000 millones de bacterias y una multitud de otros pequeños organismos encargados del reciclaje de la materia orgánica.

Las especies de microbios

El concepto de especie encuentra sus límites en el universo de los microorganismos. Una especie se define generalmente como un grupo de organismos susceptibles de tener una descendencia fértil común. Pero en el caso de los organismos unicelulares, muchos de ellos se reproducen de forma asexual, o bien intercambiando pequeños fragmentos de su material genético.

presentan particularidades biológicas que muestran claramente que son muy diferentes entre ellos (reacción ante diferentes moléculas, a la luz, la temperatura adecuada, etc). Y lo mismo sucede con las bacterias, organismos omnipresentes que se hallan en el ser humano en una proporción de hasta 250 millones sólo en la epidermis. De estos organismos se han descrito sólo 4 000 especies, aunque pueden existir hasta un millón. Y a todo esto hay que añadir los virus (3 500 tipos identificados) que podrían alcanzar a 500 000 como mínimo.

E l hombre no puede sobrevivir sin la diversidad de especies que lo rodean. Éstas son, a la vez, fuente de productos industriales y de medicamentos, así como reserva de plantas cultivadas y de animales domésticos. También proporcionan agua potable, suelos fértiles... Preservar la diversidad de los seres vivos es, además, un deber moral. Para ello es necesario establecer listas de especies protegidas y aumentar el número de parques nacionales. Pero, sobre todo, hay que trabajar para conseguir una economía sostenible, más responsable y más justa, pues el respeto del ser humano y de la naturaleza van emparejados.

La preservación de los hábitats, como éste del parque nacional del Serengueti, en Tanzania, es, en la actualidad, un objetivo prioritario.

Intervención y
protección sostenibles

¿Por qué hay que proteger las especies?

La necesidad de mantener la biodiversidad se basa en argumentos ecológicos y económicos. Pero la preservación de los seres vivos es también un deber moral del ser humano.

Conflictos de intereses

La **desaparición de los medios** conlleva una sucesión de extinciones en serie. Así, la deforestación de los medios tropicales supondrá la desaparición de monos arborícolas.

La protección de las especies choca inevitablemente con conflictos de intereses. Privar a las poblaciones pobres de un recurso natural, aunque esté sobreexplotado, puede suponer una amenaza física, como sucede, por ejemplo, al prohibir determinadas formas de practicar la caza, la pesca, la cosecha, los cultivos, el aprovisionamiento de leña, etc. Si no se aplican medidas compensatorias, estas prohibiciones pueden resultar dramáticas.

En otros casos, más frecuentes, los que resultan perjudicados son los intereses privados, aunque éstos suelen utilizar argumentos económicos de peso. Así, los partidarios de la construcción de un embalse hacen valer las ventajas de disponer de agua y energía baratas, los de las minas o fábricas los puestos de trabajo y la riqueza que crean, y los defensores de pesticidas y abonos esgrimen la amenaza de un descenso del rendimiento agrícola, etc. Por lo general, las autoridades se suelen mostrar más receptivas ante estos argumentos que ante los de los defensores del medio ambiente, que, a menudo, son acusados de ser demasiado idealistas. Sin embargo, un ecosistema sano proporciona de forma gratuita muchas funciones indispensables para las comu-

Una fábrica de agua potable

Se ha calculado que la instalación de una depuradora de agua capaz de alimentar la ciudad de Nueva York costaría entre 6 000 y 8 000 millones de dólares. En su lugar, dicha ciudad ha preferido gastar 1 500 millones de dólares para preservar del desarrollo urbano las capas freáticas de Catskill y Delaware, que suministran agua potable a la ciudad desde hace decenios. Éste es un ejemplo ilustrativo de la utilidad económica de los ecosistemas.

nidades humanas, cuyo precio —si el hombre tuviera que reemplazarlas— sería astronómico. El verdadero realismo consiste en la defensa del buen funcionamiento de los ecosistemas y no en una búsqueda de beneficios a corto plazo que, generalmente, resulta destructiva.

Almacenes de carbono

Los grandes ecosistemas complejos como los océanos o el binomio suelo-subsuelo, tienen una función capital tanto en el almacenamiento del carbono, un residuo que el ser humano emite en grandes cantidades, como en su transformación (mediante la fotosíntesis, por ejemplo). Cada año, los bosques mundiales fijan más de 100 000 millones de toneladas de carbono. Si desaparece una parte de las especies que forman las poblaciones de estos ecosistemas, su capacidad para realizar estas funciones puede verse seriamente perjudicada, lo que, a su vez, agravaría el cambio climático.

Los manglares han sido, con frecuencia, transformados en áreas de piscicultura, e incluso en balnearios o puertos deportivos, lo que supone una catástrofe para los numerosos organismos acuáticos que acuden a reproducirse a estos lugares.

La regulación de las aguas

El ciclo del agua, el principal elemento para la vida, depende también de los ecosistemas. Las selvas y los bosques permiten luchar contra las crecidas, evitar la desecación de las capas freáticas (y, por tanto, de los ríos), y limitar la erosión y los corrimientos de tierra. La deforestación es una importante causa de inundaciones, pérdidas de suelo y aumento de la sequedad del clima. La desaparición de las zonas húmedas altera, asimismo, el ciclo del agua. También hay otros grandes ciclos que dependen de los seres vivos y de su diversidad, como por ejemplo el del oxígeno o el del nitrógeno, que depende de determinadas especies de plantas y bacterias.

Mapa (páginas siguientes)

Al tiempo que los zoológicos se han convertido en áreas de conservación de las especies amenazadas, la protección de la fauna y la flora pasa por la creación de zonas protegidas. La mayoría de los espacios protegidos son demasiado pequeños para garantizar la supervivencia de las especies que habitan en ellos. Los lugares con una extensión suficiente están situados en zonas de débil presión demográfica y no en las de elevada diversidad biológica.

Zonas protegidas en el mundo

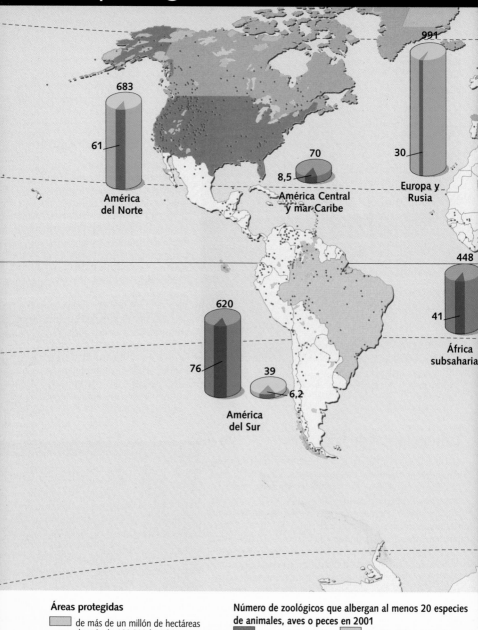

991

683

61

América
del Norte

70

8,5

América Central
y mar Caribe

30

Europa y
Rusia

448

41

África
subsahariana

620

76

39

6,2

América
del Sur

Áreas protegidas

de más de un millón de hectáreas

de más de 100 000 hectáreas

**Número de zoológicos que albergan al menos 20 especies
de animales, aves o peces en 2001**

más de 100 zoológicos

de 31 a 100

de 11 a 30

menos de 11

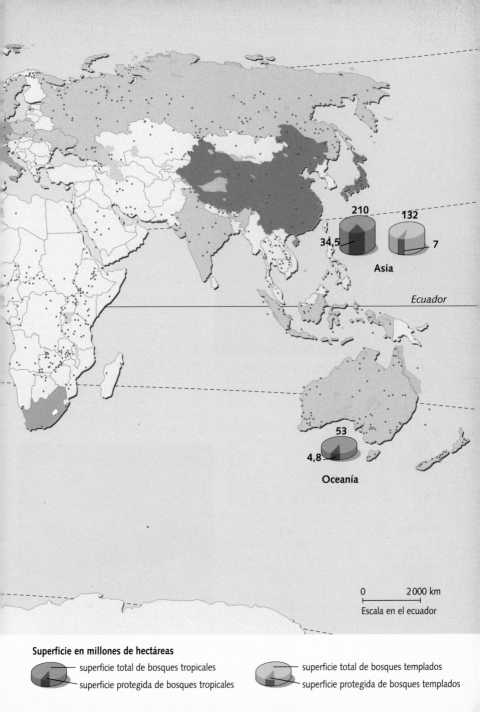

210
34,5
132
7
Asia

Ecuador

53
4,8
Oceanía

0   2 000 km
Escala en el ecuador

Superficie en millones de hectáreas

— superficie total de bosques tropicales
— superficie protegida de bosques tropicales

— superficie total de bosques templados
— superficie protegida de bosques templados

Esta palmera de una especie poco común (*Neodypsis decaryi*), que forma parte del patrimonio natural mundial, se encuentra en una reserva en el sudeste de Madagascar.

La eliminación de residuos

Los ecosistemas garantizan también la eliminación de una parte importante de los residuos. Muchas sustancias tóxicas vertidas a los ríos son recicladas por los seres vivos o retenidas en las selvas que bordean los cursos de agua. Aunque este poder depurador es efectivo, también tiene sus límites. Los lodos de las estaciones depuradoras, una vez esparcidos en la naturaleza o en los campos, se convierten en materia viva. Pero cuando se perturba la fauna de microorganismos e invertebrados, estos procesos se ralentizan o se interrumpen.

La agricultura

La agricultura es la actividad humana más ligada a los seres vivos. Los parientes silvestres de las plantas cultivadas y de los animales de cría constituyen una reserva de genes indispensables para la mejora y adaptación de la producción agrícola, y especialmente si el cambio climático aumenta la temperatura o la aridez en algunas regiones. Por otra parte, el aumento y desarrollo de los vegetales depende de los animales polinizadores, de los que ventilan el suelo o de los que lo descomponen. La desaparición de estos organismos tendría enormes consecuencias en la producción alimentaria.

Una vida útil a la industria

La industria también recurre a productos obtenidos de los seres vivos: algodón, lana, soja, colza, cuero, látex, madera... Asimismo, entre el 40 % y el 70 % de los medicamentos producidos por la industria farmacéutica provienen de sustancias naturales. Así, por ejemplo, la principal institución mundial de lucha contra el cáncer, el National Cancer Institute americano, estudia los vegetales desde hace decenios para descubrir nuevos agentes terapéuticos. Hasta la fecha ya se han proba-

El gallo bankiva (*Gallus bankives*) de la India, antepasado es de las gallinas, es una reserva genética indispensable para la mejora de las razas domésticas.

Cómo cifrar el trabajo de los ecosistemas

Los economistas intentan establecer el valor económico de los servicios que los ecosistemas prestan a la humanidad. Para ello han realizado una estimación sobre 17 tareas llevadas a cabo por los medios naturales (regulación del clima, del ciclo del agua, resistencia a la erosión, formación de suelos, polinización...). La cifra obtenida se halla entre los 16 y los 54 billones de dólares, es decir, varias decenas de veces la producción comercial total de la humanidad. Resulta evidente, pues, que el hombre es incapaz de sustituir el trabajo de los ecosistemas, por lo que es el primer interesado en intentar preservarlo.

do más de 35 000 extractos, lo que ha llevado al descubrimiento de más de 800 moléculas activas. El taxol, por ejemplo, es una molécula anticancerosa extraída de la corteza del tejo del Oeste americano. Actualmente, 40 años después de su descubrimiento, aún es uno de los productos más vendidos de la multinacional que lo comercializa.

El problema moral

Pero más allá de razones ecológicas y económicas, los seres vivos no merecen nuestra protección sólo porque nos sean útiles. La defensa de las especies tiene, además, motivaciones éticas, ya que la vida tiene un valor por sí misma. En consecuencia, la utilidad no lo es todo: ¿seríamos capaces de destruir una catedral con cinco siglos de antigüedad para reemplazarla por un hipermercado? Sin duda, este último resultaría más concurrido y más rentable, pero aun así... De la misma forma que se trabaja para conservar el patrimonio histórico, el patrimonio natural también debe ser preservado. El ser humano ha recibido de las generaciones precedentes un planeta habitado por una vida extraordinariamente rica. No sería justo que transmitiera a sus descendientes un mundo contaminado y empobrecido.

Un gran número de plantas (muchas de ellas especies cultivadas) no podrían vivir sin los insectos, en particular las abejas, que son los que llevan a cabo la polinización de las flores.

Zoos y jardines botánicos

La implacable desaparición de los hábitats plantea la preservación en cautividad de algunas especies, aunque a menudo su reintroducción no siempre es posible o satisfactoria.

Instrumentos de conservación

La preocupante situación de muchas especies animales o vegetales ha cambiado el estatus y la filosofía de los zoológicos y parques de animales. Estas instituciones han pasado a convertirse en instrumentos de conservación, y en ocasiones, en el último santuario para las especies extinguidas en el medio natural, que actualmente son 51. El primer zoológico que asumió esta función fue el de Varsovia, en 1923, cuando se constató que el último grupo de bisontes de Europa *(Bison bonasus)*, que vivía en Polonia, no había sobrevivido a la primera guerra mundial. Las autoridades del zoo iniciaron un proyecto de recuperación de una población de bisontes a partir de un grupo formado por 54 ejemplares. El programa funcionó bien y los animales han podido ser reintroducidos con éxito en algunos lugares con un entorno favorable, en especial en el bosque primario de Bialowieza, en Polonia.

El bisonte europeo, que suma en la actualidad unos 3 000 individuos, debe su supervivencia a una iniciativa del zoológico de Varsovia, que decidió salvar esta especie a partir de especímenes cautivos.

El **tití león** (*Leontopithecus rosalia*; a la derecha) y el **ara jacinto** (*Anodorhynchus hyacinthinus*; a la izquierda) se reproducen en cautividad. Pero su supervivencia en el medio natural no resulta fácil.

Las modernas arcas de Noé

En la actualidad son muchos los centros que se dedican a esta difícil tarea. Así, para hacer posible la reproducción de las especies más amenazadas se utilizan técnicas de laboratorio complejas (inseminación artificial, fecundación in vitro y conservación de embriones a bajas temperaturas). Asimismo, el entorno de los animales se ha mejorado de forma considerable y algunos incluso se protegen de la afluencia de público. Zoológicos, parques de animales y acuarios se organizan para compartir las competencias científicas y reducir la consanguinidad en la experimentación de cruzamientos. Pero estos centros sólo pueden contribuir a la conservación de las especies de forma marginal. Hasta ahora sólo se han podido salvar 25 especies próximas a la extinción, entre ellas el bisonte europeo ya citado, el caballo de Przewalski, el ciervo del padre David, el oryx de Arabia y el cóndor de California. Sin duda, este tipo de centros no dispone de espacio ni de medios suficientes para todas las especies en peligro (unos 2 000 vertebrados por lo menos).

El rinoceronte de Sumatra

El rinoceronte de Sumatra (*Dicerorhinus sumatrensis*) es una de las especies más amenazadas del planeta, pues sólo quedan entre 150 y 300 ejemplares en el hábitat forestal de la península de Malasia, Sumatra y Borneo. A pesar de que se han realizado importantes esfuerzos para hacer posible la reproducción de esta especie en cautividad hasta ahora no han tenido éxito. Quizá habría resultado más útil dedicar el dinero empleado en la reproducción en cautividad a la preservación de su hábitat natural. Hallar soluciones para estas cuestiones de difícil respuesta constituye el trabajo habitual de los especialistas de este campo.

Las limitaciones de los zoológicos

La vida en cautividad plantea muchos problemas, como la escasez de espacio, las existencia de condiciones de temperatura inhabituales y de condiciones sociales artificiales (animales solitarios emplazados en grupos o animales sociales aislados) y la presencia de seres humanos. Ello suele causar un estrés que se manifiesta mediante trastornos endocrinos, úlceras, trastornos en la reproducción y en el comportamiento.

Una reintroducción costosa y difícil

Es ilusorio querer crear un arca de Noé para salvar las especies, y más cuando no se ha evitado la desaparición de su hábitat. En consecuencia, la conservación en cautividad sólo tiene sentido si su finalidad es la reintroducción del animal en el medio natural. Pero dicha reintroducción no sólo resulta muy costosa, sino que además es muy difícil de llevar a cabo con éxito. En primer lugar porque requiere la existencia (o el acondicionamiento) de un medio de acogida apropiado, y por tanto de un ecosistema del que se haya erradicado el factor causante de la desaparición de la especie.

El ejemplo del oryx de Arabia *(Oryx leucoryx)* es muy instructivo. Este antílope se hallaba al borde de la extinción en la década de 1980. Los últimos especímenes vivos en estado salvaje fueron capturados y trasladados a una reserva especial. Ahí se les aplicó un programa de reproducción en semicautividad que dio muy buenos resultados, y posteriormente los animales fueron liberados en el desierto del sultanato de Omán. En 1997, los efectivos de este único rebaño salvaje de oryx de Arabia sumaban 400 ejemplares. Pero dos años más tarde ya se habían visto reducidos a menos de 100, pues el retorno de los furtivos y de las capturas ilegales, destinadas a proveer las colecciones privadas de ricos

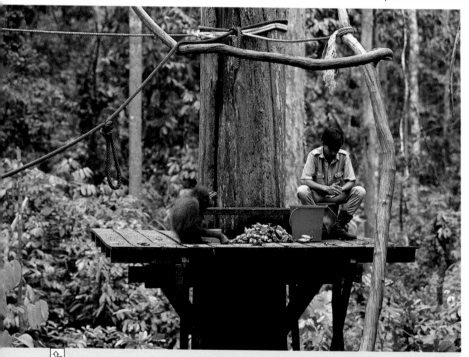

La reintroducción de animales criados en cautividad (en la imagen, orangutanes de Sumatra) requiere un largo período en el que los animales deben ser alimentados por el hombre antes de aprender a ser autónomos. Y aún así el éxito no está garantizado.

La alimentación por parte del hombre de **especies protegidas** como las cigüeñas, hace desaparecer la desconfianza de estos animales hacia el hombre, algo negativa.

emires del Golfo, acabaron con el esfuerzo de años de trabajo.

Comportamientos alterados

Por otra parte, algunos comportamientos naturales ligados a la vida salvaje se han perdido en los animales en cautividad. Las técnicas de caza, de evitación de los depredadores, de construcción de refugios y nidos no están escritas en los genes, sino que los animales las aprenden en contacto con los otros miembros del grupo, al menos en el caso de los mamíferos y de las aves. Cuando estos comportamientos se pierden, recuperarlos resulta un proceso largo y costoso, y a menudo el hombre debe suplir (por ejemplo, mediante alimentación artificial o la reducción de los depredadores) las carencias de los animales reintroducidos.

La degeneración de los animales en cautividad

La consanguinidad es, con frecuencia, inevitable en las poblaciones que viven en cautividad, pues están formadas por grupos poco numerosos. La mortalidad de los animales nacidos de cruzamientos consanguíneos es superior en un 33 % a la que se produce con progenitores. no emparentados. Este fenómeno da lugar también a una reducción de la fertilidad, a desequilibrios del crecimiento y a una mayor vulnerabilidad ante las enfermedades. Por otra parte, los genes desfavorables, que en el medio salvaje habrían sido eliminados de forma natural, pueden perpetuarse en cautividad. Por consiguiente se corre el riesgo de que se produzca una selección de los rasgos favorables a la cautividad y desfavorables para la vida salvaje. Así, los ejemplares más tímidos sobrevivirán con mayores dificultades en un zoológico que los individuos menos recelosos. Pero cuando se proceda a la reintroducción de la especie, su capacidad para sobrevivir habrá disminuido.

Las plantas

Inicialmente destinados al aprovisionamiento de plantas medicinales y a la aclimatación de especies exóticas, los jardines botánicos han evolucionado en la actualidad hacia la conservación. Desafortunadamente estos jardines son mucho más numerosos en los países desarrollados del norte (540 en Europa y 290 en Estados Unidos) que en los países pobres del sur, donde la biodiversidad es mayor. Así por ejemplo, en toda América del Sur, donde se encuentran más de 90 000 especies de plantas, hay menos de 100. También existen bancos de genes en los que se almacenan semillas o cultivos celulares de plantas diversas, en especial de especies amenazadas. Sin embargo, se trata de estructuras que conllevan un alto coste, pues periódicamente se deben renovar los cultivos de las pruebas almacenadas, ya que pierden su capacidad de germinación. Según la F.A.O., los créditos concedidos a estas instituciones están disminuyendo a nivel mundial, a pesar de que su necesidad es cada vez mayor.

Proteger las especies...
y los espacios

En la actualidad, es prioritario crear una red de espacios protegidos, en especial de «puntos críticos» que cuenten con medios suficientes y con el apoyo de la población.

La reserva de Amboseli, en Kenya, ha servido de marco a los estudios que han revelado la sutilidad de las relaciones sociales entre los elefantes de la sabana.

Las especies «reclamo»

La protección de especies emblemáticas, sobre todo de grandes animales, facilita la obtención de recursos para la preservación de los ecosistemas en los que éstos habitan y, de paso, para la protección de otras especies menos populares. Es el caso del salmón del Atlántico (Salmo salar) y del salmón del Danubio (Hucho hucho), para cuya protección se han destinado créditos europeos que han permitido, por ejemplo,

La cría de animales en las zonas protegidas

Los espacios protegidos suelen dar origen a iniciativas interesantes como las «granjas» locales en los que conviven varias especies censadas. En estos centros, situados en el corazón de las zonas protegidas, se fomenta la multiplicación de las especies especialmente protegidas y sólo se dedica a fines comerciales parte de la población con el objetivo de mantener la reserva.

El **íbice de los Alpes** (*Capra ibex*) ha sido objeto de programas de reintroducción llevados a cabo con éxito en varios países.

construir vías de paso para los peces en zonas que suponían un obstáculo infranqueable. La construcción de dichos pasos también ha beneficiado a otras muchas especies de peces, que han visto mejorada así su supervivencia. Igualmente, la mejora de calidad del agua no sólo ha redundado en provecho de los salmones sino también del resto de especies con las que comparte su hábitat. Asimismo, las recientes medidas de protección del águila imperial *(Aquila heliaca)* en Hungría han supuesto al mismo tiempo la protección de la liebre y de los otros pequeños carnívoros de los que se alimenta. Y en última instancia, dichas medidas han permitido atenuar el impacto de la agricultura industrial.

Muy pocos espacios protegidos

La protección de las especies sólo es posible si se protegen los ecosistemas en los que se desarrollan con el fin de preservar las partes inexploradas de los seres vivos. El primer parque natural se creó en Estados Unidos (parque de Yellowstone). En la actualidad, existen cerca de 13 000 áreas protegidas en el mundo. El conjunto de las grandes especies protegidas, que representa el 3,5 % del planeta, se halla repartido en unos 4 500 emplazamientos. Sin embargo, muchas reservas son demasiado pequeñas, al menos para los grandes animales, o bien no pueden ofrecerles su hábitat íntegro. Además, estos espacios son mucho más numerosos en los climas templados, en los países industrializados, que en las latitudes tropicales, y especialmente en las zonas del planeta esenciales desde el punto de vista de la biodiversidad. Asimismo, incluso en los países industrializados, las zonas protegidas se hallan en lugares donde la presión demográfica es menor. Francia constituye un buen ejemplo, pues aunque durante mucho tiempo anduvo rezagada en materia de protección de la naturaleza (el primer parque nacional fue creado en 1963), en la actualidad este país cuenta con siete parques nacionales, de los cuales cinco están situados en zonas de montaña poco pobladas. Por el contrario, en la zona mediterránea, donde la biodiversidad y el endemismo son mucho más importantes, se encuentra un único parque natural, el minúsculo islote de Port-Cross (700 hectáreas).

La **cría de cocodrilos** para el consumo de su piel y su carne demuestra la posibilidad de conciliar desarrollo económico y protección de espacios naturales, reduciendo los efectos de la caza en los espacios salvajes.

Recursos para la conservación

La mitad de la zonas protegidas del planeta lo son sólo sobre el papel. Y la proporción de estos «parques de papel» es mucho mayor en los países pobres. De los 41 lugares «protegidos» del Sureste asiático, sólo tres se consideran razonablemente seguros. Pero la mayoría cuentan con escasos medios científicos, materiales y humanos. Por otra parte muchos de estos parques tampoco cuentan con el apoyo de las poblaciones locales, ya que a menudo se pretende que sean éstas las que asuman la carga de la preservación, al impedirles el acceso a ciertas zonas o prohibirles actividades como cazar o pescar sin ofrecerles nada a cambio. Sin duda el turismo ecológico puede constituir una buena motivación, siempre que sus beneficios reviertan en las poblaciones rurales. Otro factor indispensable es proporcionar la información necesaria para que estas poblaciones tomen conciencia de la importancia de preservar las especies. En todo caso, es responsabilidad de los países desarrollados participar en este esfuerzo aportando los medios económicos necesarios cuando las zonas afectadas no dispongan de ellos.

Al imprimir sus billetes de banco en honor de la fauna salvaje, Namibia demuestra haber comprendido el provecho que podía obtener de su riqueza natural, especialmente con las divisas generadas por el turismo ecológico.

Implantar redes de espacios protegidos

La creación de espacios protegidos no debe hacer olvidar el resto del territorio. Existen muchos parques nacionales que han servido de coartada para la destrucción de hábitats muy ricos situados en sus alrededores, y con frecuencia estos parques son, según la expresión del *World Resources Institute*, «islas azotadas por los temporales en medio de un mar de colonias humanas». Nacidas en 1974 bajo la égida de la Unesco, las reservas de la biosfera se crearon con el objetivo de preservar áreas representativas de los ecosistemas terrestres. Cada una de estas reservas (que, en la actualidad, son 300 en todo el mundo) está for-

Aumentar las reservas marinas

La mayoría de las especies protegidas son terrestres, mientras que en los medios marinos apenas existen proyectos de conservación. Por consiguiente, es necesario realizar un importante esfuerzo para aumentar las reservas marinas. En 2002, el gobierno de Australia dio un importante paso al convertir en reserva natural 6,5 millones de hectáreas del océano austral, haciendo de la Reserva marina de las islas Heard y Mac Donald's la mayor zona frente a de toda actividad comercial del mundo.

Los corredores de vegetación que comunican las reservas permiten a los animales disponer de un espacio más amplio. Las galerías forestales que bordean los ríos contribuyen a hacer de puente entre las distintas poblaciones.

mada por un área central que goza de una protección integral, rodeada de una zona accesible al turismo, y de una zona periférica en la que se autoriza la explotación de los recursos naturales. Además de su función en la conservación de las especies y de los medios naturales, estas reservas permiten a los científicos conocer con precisión el impacto de las actividades humanas sobre el entorno. Por otra parte, los especialistas en conservación insisten en la necesidad de intercambiar genes entre las especies preservadas y, por consiguiente, de garantizar la perpetuación de los distintos especímenes.

De hecho habría que crear corredores que comunicaran las zonas protegidas y funcionaran como los nudos de una red natural. Esta configuración permitiría a las especies resistir a la acción de las actividades humanas y a los cambios globales ocasionados por éstas. Pero, por el momento, la creación de esta deseada red mundial aún es un objetivo muy lejano.

El desarrollo sostenible

Para erradicar la pobreza de los países subdesarrollados
sin poner en peligro el futuro de los ecosistemas hay
que reinventar totalmente la economía

El concepto de desarrollo sostenible

Aunque, sin duda, resulta urgente aumentar la superficie de los espacios protegidos y mejorar su funcionamiento, dedicarse a preservar pequeños territorios fuera de los cuales la destrucción de hábitats y de ecosistemas continúa a un ritmo desenfrenado no es una solución viable a largo plazo. El funcionamiento de las sociedades humanas debe reorientarse en un sentido menos destructor. El desarrollo sostenible, surgido de esta necesidad, se define como un desarrollo socioeconómico armónico destinado a satisfacer las necesidades del presente sin comprometer la capacidad de las generaciones futuras de atender a sus propias necesidades. Desde su aparición en un informe oficial de 1987, este concepto ha tenido un éxito extraordinario.

El desarrollo a la vez explosivo y anárquico de ciudades como Lagos (Nigeria) supone una dura prueba para los medios naturales de la zona. Un urbanismo planificado y respetuoso con el medio ambiente es, no obstante, posible.

Una unanimidad ficticia

A pesar de la aparente unanimidad entre los países sobre dicho concepto, los progresos reales hacia el desarrollo sostenible han sido irrisorios. Esto se explica, en parte, por la imprecisión del término. Así, las compañías multinacionales se adhirieron al desarrollo sostenible porque vieron en él un «desarrollo» susceptible de poder mantenerse de forma continua. Por el contrario, en las organizaciones de protección del medio ambiente existen corrientes para las cuales el objetivo prioritario es proteger los ecosistemas, y que juzgan secundaria la mejora de la situación de las poblaciones humanas. En otros casos se entiende por «desarrollo» la mejora de la higiene, de la cultura, de los vínculos sociales, de la democracia... pero no necesariamente de la producción material, o al menos sólo dentro de ciertos límites.

El principio de precaución

La misma ambigüedad encontramos en el principio de precaución, que es uno de los conceptos cruciales del desarrollo sostenible. Este principio estipula que en las situaciones de

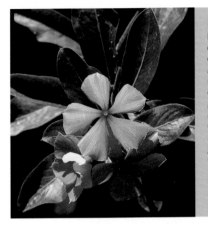

La biopiratería

La explotación abusiva de la biodiversidad de los países del sur por parte de los países del norte se conoce como biopiratería. Un ejemplo es la vinca pervinca de Madagascar. Tras descubrirse que esta planta contenía una molécula activa contra la leucemia infantil, fue comercializada por un grupo farmacéutico que obtuvo grandes beneficios sin ofrecer ninguna compensación a las poblaciones malgaches. Además, la recolección de esta planta prácticamente ha provocado su extinción. De este modo la industria farmacéutica y cosmética, junto con otras ramas industriales, recogen sin ningún escrúpulo los frutos de la biodiversidad, que les aportan unos cuantiosos ingresos cada año. Parecería pues legítimo que estas empresas remuneraran de algún modo a los países que hacen el esfuerzo de conservar sus especies.

duda científica las autoridades deben tomar medidas preventivas cuando exista riesgo de daño grave para los seres humanos, y por tanto para los recursos del medio ambiente. Esto es importante ya que hace recaer la carga de la prueba sobre los que atentan contra el medio ambiente. Así, son éstos quienes deben demostrar que una actividad determinada es compatible con el medio ambiente, y no los protectores de la naturaleza los que deben aportar la prueba de que se están produciendo daños importantes.

En alguna reservas de Kenya, el pastoreo de las tribus locales está tolerado. Sin duda se trata de un ejemplo de que la cohabitación del hombre con la naturaleza es posible.

Intervención y protección sostenibles 113

El **ecosistema planetario** posee una capacidad limitada para absorber los desechos, por lo que será necesario que los países ricos reduzcan su consumo para preservar un planeta habitable. ¿Serán por ello menos felices?

El desarrollo de tecnologías sostenibles

El desarrollo sostenible implica una preocupación por las consecuencias a largo plazo de las actividades humanas, tanto en lo referente al mantenimiento de los recursos como a la integridad de los ecosistemas. Los científicos trabajan para definir cómo serían la pesca, la silvicultura, la agricultura, los transportes y la industria desde el punto de vista del desarrollo sostenible. Y también para elaborar técnicas, indicadores y umbrales que tengan en cuenta las necesidades de las generaciones futuras. En el caso de la pesca o de las actividades forestales, ya es posible conocer si su actividad permite la recuperación de los recursos que explotan. Existen organismos internacionales como el Marine Stewardship Council (M.S.C.) y el Forestry Stewardship Council (F.S.C.) dedicados a acreditar la sostenibilidad de estas prácticas y cuyo logotipo garantiza que el producto adquirido no contribuye al agotamiento del planeta.

No se trata sólo de un problema técnico

Existen medios para hacer posible la sostenibilidad, pero suelen conllevar un coste suplementario que hace que un producto «sostenible» sea más caro. En una economía globalizada basada en la competencia, este tipo de productos se halla en clara desventaja. Sin duda, las autoridades podrían imponer leyes de sostenibilidad a todos, pero ante la falta de una reglamentación internacional, sólo es posible funcionar mediante acuerdos multilaterales especialmente largos y complicados de formalizar, y aún más difíciles de aplicar.

Estas cuestiones se complican aún más debido a las enormes desigualdades que caracterizan al mundo actual. La diferencia entre el nivel de vida de un ejecutivo occidental y un campesino de Bangla Desh supera todo lo que la historia humana ha conocido hasta ahora. Por consiguiente es necesario resolver el difícil problema de la mejora del nivel de vida de los países pobres sin por ello comprometer el futuro del planeta y de los ecosistemas. Esto supone un sacrificio por parte de los países ricos, puesto que en la Tierra no existen recursos hídricos, energéticos etc. para que toda la humanidad pueda vivir al estilo occidental.

Cambiar nuestra economía y nuestros valores

Evidentemente todo esto supone un cambio profundo del modo de vida y de la economía a nivel mundial, ya que nuestro sistema económico sigue estando basado en valores contrarios al desarrollo sostenible: beneficios a corto plazo, individualismo, irresponsabilidad, falta de solidaridad con otros países y con las generaciones futuras, etc. En consecuencia, hay que combatir el consumismo de nuestras sociedades y el egoísmo, y utilizar los medios científicos y tecnológicos a nuestro alcance para trabajar en pos de intereses más elevados y que contribuyan al bienestar de toda la humanidad. Sin duda, aún resulta posible que el ser humano alcance el estatus que le corresponde, que es el de garante y defensor de la biosfera.

Desarrollo frente a superpoblación

Con frecuencia se acusa a las poblaciones de los países en vías de desarrollo de la destrucción de los hábitats a causa a su demografía. Es cierto que la presión del hombre sobre los ecosistemas ha llegado a su límite. Pero en estos países pertenecer a una familia numerosa suele ser la única posibilidad de recibir ayuda en caso de enfermedad, vejez o accidente. Así, se ha comprobado que el desarrollo económico y cultural da lugar en apenas una o dos generaciones a un descenso radical de la natalidad. En consecuencia, ayudar a los países pobres a desarrollarse, aunque ello suponga un importante coste económico, es la única forma eficaz y aceptable de solucionar el problema de la superpoblación.

La protección de los grandes carnívoros

La defensa de los grandes carnívoros plantea el problema de la utilidad de la biodiversidad, y el coste de su conservación. Ganaderos y defensores de la naturaleza se disputan el mantenimiento de las especies y las ayudas del estado.

La convivencia hombre-animal

Lejos de las ciudades, la cohabitación entre el hombre, capaz de producir y de concentrar importantes cantidades de alimento, y la fauna salvaje presta a aprovecharse de ello, ha sido con frecuencia accidentada. Entre las aves que se alimentan de semillas y de granos; los herbívoros (corzo o jabalí en Europa, elefante en África, canguro en Australia...) que se dedican a pastar en los campos e incluso en las cosechas; los pequeños carnívoros (mamíferos como el zorro, la garduña o la mangosta, o grandes lagartos como el tejú *[Tupinambis teguixin]* de América Central y de las Antillas, o los varanos en África y Asia...) muy hábiles para colarse en los corrales, no faltan los animales capaces de exasperar a los campesinos. Los daños causados pueden llegar a ser importantes, pero los mayores problemas han estado siempre en relación con los grandes carnívoros (sobre todo el oso, el lince y el

lobo en Europa, pero también el puma en América, el tigre en Asia, el leopardo en África, etc.), a los cuales hay que añadir los cocodrilos y las grandes serpientes (pitón, cobra). Estos animales levantan pasiones más que ningún otro tipo de animal, y plantean la cuestión de la relación entre hombre y naturaleza.

Daños reales pero peligro sobreestimado

Es cierto que los grandes carnívoros infligen daños a los rebaños de ovejas (el lobo) o de ganado (el león y el tigre), y, en el caso de los osos, a las colmenas. Sin embargo, el pro-

> 🖎 **El lince,** demasiado pequeño para enfrentarse al hombre, normalmente sólo caza ovinos. Como cada individuo ocupa un territorio bastante amplio, los daños que ocasiona son limitados.

blema va más allá de los daños objetivos, ya que los grandes carnívoros son también objeto de representaciones fantásticas que aumentan la idea de peligro que suponen para el hombre. El peligro que estos representarían se ve sistemáticamente aumentado por el imaginario rural. En el caso del lobo es prácticamente nulo (no se tiene constancia de ningun ataque a seres humanos desde hace decenios en todo el planeta); y algo más factible en el caso del oso, si bien es mínimo: sólo se han producido algunos ataques en varias decenas de años en todo el continente europeo. Estos casos se deben, en su mayoría, a la imprudencia de las víctimas, como la del excursionista finlandés gravemente herido que encontró huellas frescas de oso en la nieve y decidió seguirles la pista por curiosidad.

El tigre es un caso particular, ya que sin duda es más peligroso. Los animales viejos, enfermos o heridos pueden atacar al hombre, que resulta una presa más fácil que las que constituyen su dieta habitual. En la India, el tigre causa regularmente algunas víctimas.

Animales diabolizados...

Por otra parte, el imaginario también refleja la inteligencia sorprendente de estos animales. Las sofisticadas estrategias de caza de los lobos, que se reparten las tareas entre los miembros de la manada, así como su desconfianza proverbial, son tan impresionantes como las hazañas individuales de los osos. Se conoce, por ejemplo, el caso en Austria de un oso que había aprendido a abrir las compuertas de los es-

tanques de piscicultura para alimentarse de los peces. También se averiguó que el mismo oso acudía —incluso desde muy lejos— cuando oía un disparo, con la esperanza de encontrar la cabra o el jabalí antes que el cazador que había disparado.

Todo esto ha generado una imagen humanizada y maléfica, a veces diabólica, de estos animales, muy frecuente en la mitología.

Muchos mitos personalizan a estos animales, les dotan de nombre, les atribuyen poderes mágicos e intenciones malévolas. En realidad, las capacidades cognitivas de estos predadores se explican por el hecho de que un animal situado en el nivel superior de la cadena alimentaria dispone necesariamente de un sitema nervioso sofisticado. Sin embargo, sus capacidades están muy lejos de las del hombre.

A esta representación inquietante, surgida del mundo rural, se opone otra representación de origen urbano, que es también poco realista y a veces parece sacada de una película de Walt Disney. Según ésta, los carnívoros son seres hermosos, fieros, libres y nobles, que sólo matan para alimentarse y casi se arrepienten de ello. También en este caso se trata de una deformación de la realidad: los carnívoros tienen un instinto depredador muy fuerte (que es una condición para su supervivencia), y un lobo suelto en un rebaño de ovejas puede matar a muchas más víctimas de las que es capaz de consumir. En la excitación suscitada por la huida alocada de los herbívoros, el cazador puede matar varias veces. Estas dos concepciones (aunque en la realidad tomen formas menos caricaturescas) están en la base de los frecuente conflictos entre ganaderos y grandes carnívoros.

El oso es un omnívoro oportunista e inteligente que, en ciertas condiciones, puede perder su miedo al hombre. Entonces representa un verdadero peligro.

Lobos malditos

Debido a las medidas de protección y al éxodo rural, los grandes depredadores están en expansión en Europa y Estados Unidos. El lobo, que había desaparecido en Francia desde 1937, pudo observarse de nuevo a comienzos de la década de 1990 pues consiguió cruzar los Alpes desde Italia. Los lobos hacen también incursiones regulares en Suiza y Alemania, donde habían sido exterminados desde hace tiempo. Aunque aún son poco numerosos en algunos países en relación con otros (alrededor de 30 individuos en Francia frente a 350 en Portugal, 500 a 1 000 en Italia, 700 a 900 en Polonia y 2 500 en España), el lobo continúa siendo muy mal tolerado. A pesar de ser una especie protegida, en la actualidad es objeto de caza furtiva (es decir envenenado) con toda impunidad. Su impacto ecológico real es, sin embargo, muy bajo: desde 1993, los lobos han matado a unas 7 000 ovejas en los Alpes, una cifra que debe compararse con los 150 000 ovinos que son víctima cada año de los perros vagabundos, la brucelosis y los accidentes. Incluso en los países en los que el lobo no ha desaparecido nunca (Rumania, Bulgaria...), las tensiones son permanentes.

¿Para qué «sirve» un depredador?

Las comunidades ganaderas son, por lo general, totalmente contrarias a los carnívoros. Éstas re-

⬚ **El puma** es un felino poderoso y peligrosamente armado. Sin embargo, se le puede mantener alejado de los rebaños si éstos están vigilados por perros de protección.

prochan al mundo urbano que les imponga cohabitar con estos depredadores sólo para poder soñar con una naturaleza salvaje que tiene idealizada y que pocas veces visita. «¿Para qué sirve un lobo o un oso?» es una pregunta que se hacen a menudo. «Además, son animales casi imposibles de ver, entonces ¿qué diferencia hay entre que estén presentes o no?». La cuestión de la utilidad de la biodiversidad surge aquí de manera rotunda. Para la mayoría de los ganaderos, el carnívoro es un animal perjudicial, comparable con la rata, la cucaracha o la dorífora; y el mito del noble depredador es una fantasía.

En las campañas de protección, la utilidad ecológica de los depredadores se percibe a menudo como una abstracción. «¿Es que en los países en los que el lobo (o el oso) ha desaparecido tienen una naturaleza enferma?» ¿O una naturaleza menos bella? Entonces, ¿para qué sirve este animal?», son argumentos que se oyen con frecuencia.

El punto de vista de los ecologistas

Sin embargo, está claro que desde el punto de vista de la defensa del medio ambiente, la existencia de ecosistemas completos, y por tanto que alberguen depredadores, es preferible a los medios empobrecidos. Los científicos afirman que los depredadores mantienen el equilibrio biológico, impidiendo, por ejemplo, la proliferación de herbívoros que serían perjudiciales para el medio. Y que al eliminar a los animales enfermos y a los más débiles, mejoran el nivel sanitario de las poblaciones. También se ha observado que los ecosistemas resisten mejor las agresiones cuando están diversificados que cuando se reducen a su mínima expresión. Y esto es válido ya se trate de agresiones «naturales» como incendios, enfermedades, inundaciones, etc. o de agresiones provocadas por el hombre, el calentamiento climático, la polución o las actividades extractivas abusivas. Además, también se encuentra el aspecto patrimonial de la cuestión:

El lobo es un carnívoro que caza en manada, a veces con un reparto de las funciones bastante sofisticado. Es único para hacer fracasar todas las trampas que le son tendidas.

hacer desaparecer a una especie es adquirir una grave responsabilidad frente a las generaciones futuras. No se puede reducir la suerte de una especie al único valor que el hombre pretenda atribuirle: por una parte las especies útiles que hay que conservar, y por otra, las especies perjudiciales que deben destruirse, teniendo en cuenta, además, que estas nociones cambian según el lugar y la época.

Pero la preservación de estos ecosistemas tiene un coste, que es injusto que se haga recaer sobre las poblaciones locales. Si la sociedad en su conjunto, preocupada por la diversidad biológica, es favorable a los grandes depredadores, debe ayudar a las comunidades rurales a soportar el impacto. Pero la forma que debe adoptar esta ayuda no es fácil de definir. La indemnización de las víctimas de los daños ocasionados por los grandes carnívoros puede ser una solución, ya que el propietario recibe una compensación económica por cada animal muerto. Mediante esta práctica nunca se ha conseguido que los ganaderos se muestren favorables a los depredadores, pero sirve para desarmar su agresividad.

Sin embargo, esta práctica plantea algunos problemas. Reembolsar la pérdida de una oveja o de una vaca es una cosa, pero ¿cómo valorar el impacto del estrés ocasionado al resto del rebaño? La presencia constante de depre-

dadores, al mantener a los herbívoros bajo tensión, entorpece su crecimiento y provoca en los ovinos abortos espontáneos. ¿Cómo calcular las pérdidas que esto supone? Por otra parte, la indemnización de los animales muertos tiene un efecto negativo, por ejemplo puede disuadir a los ganaderos con pocos escrúpulos de proteger a sus rebaños. Para esta protección se utilizan diversos medios (perros adiestrados, presencia y vigilancia reforzadas, agrupación de los rebaños por la noche...) que suponen un gasto y unos esfuerzos suplementarios. Con un sistema de indemnización por los animales muertos, los que hacen todos estos esfuerzos reciben menos ayudas que sus colegas menos cuidadosos.

La concesión de una prima fija para todos los ganaderos en zona de riesgo podría ser una solución más justa y más satisfactoria. Pero es necesario definir con cuidado la zona de riesgo, ya que las explotaciones que no están incluidas en ella se quejarán inevitablemente de la competencia desleal de sus vecinos que sí lo están. Además, el montante de la supuesta prima será, sin duda, fuente de problemas, pues plantea la cuestión del nivel de vida legítimo de los ganaderos. ¿Qué pasaría en el caso de un agricultor cuyos ingresos procedieran mayoritariamente de las primas? ¿No se convertiría entonces en un funcionario, encargado del mantenimiento de la naturaleza?

Informar

Para favorecer la cohabitación hombre/animal, las campañas de explicación son indispensables y, cuando se llevan a cabo con constancia, resultan eficaces. Las poblaciones rurales no se reducen a los ganaderos, que son en general una minoría. Los otros grupos sociales tienen posiciones menos radicales, y pueden colaborar en la preservación de los depredadores, ya sea animados por los beneficios del turismo ecológico, o simplemente por el respeto por una naturaleza que ellos también admiran.

Léxico

Ácaros
Animales parecidos a las arañas, generalmente de tamaño muy pequeño, de los cuales un gran número de especies se encuentran en el suelo; tienen una función ecológica importante.

A.D.N. (ácido desoxirribonucleico)
Molécula localizada en el núcleo de las células que constituye el soporte de la información genética hereditaria.

Ámbar
Resina fósil que se obtiene de las coníferas. Se presenta en trozos duros y quebradizos, de color amarillo o rojizo.

Artrópodos
Relativo a un tipo de animales invertebrados caracterizados por un esqueleto externo rígido y patas articuladas; son artrópodos los arácnidos (arañas y escorpiones), los insectos, los ciempiés y los crustáceos.

Bacteria
Ser vivo muy simple; constituido por una sola célula desprovista de núcleo. Presentan gran variedad de formas y se adaptan a numerosos medios.

Biodiversidad
Diversidad de los seres vivos y de sus caracteres genéticos.

Biomasa
Masa total de los seres vivos que viven en un ecosistema y en un biotopo determinado.

Bosque primario
Bosque el que no ha sufrido la influencia del hombre o en el que las actividades humanas han tenido un impacto mínimo. También se denomina selva virgen.

Capa freática
Acumulación de agua subterránea resultante de la infiltración de agua de lluvia.

Clonación
Reproducción idéntica de un organismo en varios ejemplares, especialmente cuando ésta se realiza por medios no naturales.

Coleópteros
Relativo a un orden de insectos que cuenta con más de 350 000 especies (escarabajos, mariquitas, gorgojos, etc.).

Coprófago
Invertebrado que se alimenta de excrementos animales, y desarrolla una función esencial en la descomposición de los desechos.

Descomponedores
Conjunto de pequeños organismos del suelo que descomponen la materia orgánica muerta en materia mineral reutilizable por las plantas.

Dosel de la selva
Medio forestal tropical, situado a 50 m de altura, constituido por la cima de los grandes árboles, que forma un ecosistema en el que habita un gran número de especies.

Dulceacuícola
Se dice de la especie acuática que vive en agua dulce.

Ecorregión
Región del mundo (se han establecido 200) terrestre o marina que presenta un ecosistema peculiar y particularmente rico en especies.

Ecosistema
Conjunto constituido por un medio (el biotopo) y todos los organismos vivos que dependen de él.

Endémico
Se dice de las especies vegetales y animales de área restringida, que son oriundas del país donde se encuentran y sólo se encuentran en él.

Epifito
Se dice de un vegetal que vive sobre otro vegetal, sin ser parásito, como es el caso de algunas orquídeas ecuatoriales y de los árboles.

Especiación alopátrica
Formación de especies a partir de poblaciones separadas por un obstáculo natural (río, cadena montañosa, brazo de mar...).

Especiación simpátrica
Formación de especies a partir de poblaciones pertenecientes a un mismo territorio, después de un aislamiento reproductor.

Especie
Grupo de poblaciones cuyos individuos son fecundos entre sí pero que generalmente son estériles con individuos de otras especies.

Estepa
Medio abierto de las regiones templadas y frías.

Fitófago
Se dice del animal que se alimenta únicamente de materia vegetal (hojas, tallos, frutos, polen, raíces...).

Fotosíntesis
Proceso bioquímico que permite a los vegetales sintetizar sustancias orgánicas a partir de la energía luminosa y del gas carbónico del aire. En este proceso las plantas expulsan agua y oxígeno.

Gen
Fragmento de A.D.N. que contiene las instrucciones necesarias para la construcción de una o varias proteínas.

Genoma
Conjunto de genes de una especie, que contiene las instrucciones necesarias para la construcción, el desarrollo y el funcionamiento de un ser vivo.

Humus
Materia orgánica resultante de la descomposición de los organismos y los vegetales.

Invertebrados
Relativo a un grupo de animales desprovistos de columna vertebral (insectos, moluscos, gusanos, erizos, crustáceos, arañas, etc.).

Manglar
Bosque anfibio de mangles que se desarrolla sobre el litoral de las costas pantanosas en las regiones tropicales.

Medio abierto
Formación herbosa natural en la que los árboles son prácticamente inexistentes.

Mutación
Modificación puntual y duradera del patrimonio genético, capaz de perturbar o no el funcionamiento de la célula.

Neurotóxico
Se dice de una sustancia tóxica para el sistema nervioso.

Patógeno
Se dice del conjunto de organismos que pueden provocar enfermedades en los individuos de una especie: virus, bacterias, parásitos.

Pesticida
Producto químico destinado a eliminar los parásitos, los insectos, las malas hierbas y los hongos, utilizado sobre todo en agricultura.

Plancton
Conjunto de pequeños organismos animales (zooplancton) y vegetales (fitoplancton) que flotan en el agua de mar, a merced de las corrientes.

Población
Conjunto de organismos pertenecientes a una misma especie y que evolucionan en un mismo espacio.

Pradera
Medio abierto de la regiones templadas y frías.

Punto crítico
Cada una de las 25 regiones en las que se concentra lo esencial de la biodiversidad mundial.

Regresión marina
Retroceso del nivel del mar, que provoca la desaparición de los mares poco profundos situados en el borde de los continentes y la de numerosas especies que viven en ellos.

Sabana
Llanura extensa típica de las regiones tropicales, caracterizada por la vegetación herbácea y árboles aislados.

Salinización
Acumulación de sales en la capa superficial del suelo, que hace imposible todo tipo de cultivo.

Sobrepastoreo
Explotación excesiva de las zonas de pasto, que provoca la degradación de la vegetación y del suelo.

Tipo
Categoría taxonómica inferior a la de reino y superior a la de clase. Agrupa a aquellas especies que tienen el mismo plan de organización (moluscos, artrópodos, vertebrados, plantas vasculares...).

Tundra
Medio abierto de las regiones más frías, caracterizado por la abundancia de líquenes.

Ungulados
Conjunto de mamíferos herbívoros con pezuñas (antílopes, jirafas, ciervos, caballos, rinocerontes, camellos, hipopótamos, cerdos, etc.).

Direcciones útiles

Información internacional y europea

www.unep.ch
Página del Programa de las Naciones unidas para el Medio Ambiente, donde aparecen las convenciones y tratados de este organismo, en relación al medio ambiente.

www.wcmc.org.uk/cis/
Página del World Conservation Monitoring Centre, del Programa de las Naciones unidas para el Medio Ambiente (U.N.E.P.), que ofrece información sobre la conservación y el uso sostenible de los recursos de flora y fauna del planeta. Incluye bases de datos sobre especies en extinción y conexiones a otros sitios de interés.

www.iucn.org/redlist/2000/spanish/species.html
Página de la Unión mundial para la naturaleza (I.U.C.N.), organismo de investigación y protección de la naturaleza, que elabora periódicamente una Lista Roja de especies en peligro de extinción. Se trata de la fuente mundial más autorizada de información sobre el estado de animales y plantas. Se especifican las especies de flora y fauna del mundo que sufren un mayor riesgo de desaparecer y se dan a conocer aquellas que ya se consideran extinguidas.

www.iucn.org/themes/ssc/redlist2002/rl_sp_news.htm
Edición actualizada de la Lista Roja 2002 de especies amenazadas.

www.iucn.org/themes/ssc/index.htm
Página de la Comisión de supervivencia de especies (C.S.E.), de la I.U.C.N. Es una red de 7000 expertos en plantas y animales, y su conservación. Incluye información sobre grupos especialistas, programas, la Lista Roja y publicaciones sobre el tema.

www.ramsar.org
Página del Convenio para la protección de los humedales de importancia internacional, firmado en Ramsar (Irán), en 1971, que protege la fauna y flora de estos ecosistemas, con datos de las especies amenazadas, especialmente aves acuáticas.

www.cites.org
Página de la Convención sobre el comercio internacional de especies amenazadas de fauna y flora silvestres (C.I.T.E.S.), que cuenta con 150 estados miembros. Su objetivo es prohibir el comercio de especies amenazadas por medio de su inclusión en una lista elaborada y aprobada por la convención.

www.europa.eu.int/scadplus/leg/es/lvb/l11023.htm
Página donde se especifican las disposiciones de la Unión europea para proteger las especies de fauna y flora silvestres amenazadas, por medio del control de su comercio, según la Convención sobre el comercio internacional de especies amenazadas de fauna y flora silvestres (C.I.T.E.S.).

Información nacional

www.mma.es
Página del Ministerio de Medio Ambiente español, que, dentro del apartado Conservación de la naturaleza, detalla estrategias y planes (del oso pardo cantábrico, águila imperial ibérica, lince ibérico y quebrantahuesos), inventarios, estadísticas, acciones, convenios y normativa de preservación.

www.miliarium.com/Paginas/Leyes/conservacion/estatal/RD439-90.htm
Relación detallada del catálogo nacional de especies amenazadas en España, tanto de fauna como de flora.

www.faunaiberica.org
Portal para la divulgación, conservación y defensa de los animales que pueblan la Península ibérica.

www.ecologistasenaccion.org/accion/especies/vertebrados.htm
Página de esta asociación de grupos ecologistas, donde se describen las especies en peligro de extinción, los planes de recuperación y estrategias oficiales, en España.

www.geocities.com/RainForest/8769/animales.html
Lista detallada de la fauna ibérica e insular en peligro de desaparición, con información y fotografía de cada una de ellas.

www.quebrantahuesos.org
Página de una ONG que pretende recuperar el quebrantahuesos y su entorno natural en España. Exponen sus noticias, proyectos y actuaciones.

www.gencat.net/mediamb/opa
Página de la Generalitat de Catalunya, donde se especifica la legislación acerca de la protección de la fauna y flora en esta Comunidad Autónoma.

www.nekanet.net/naturaleza/especies/frameprincipal.htm
Página donde se detalla el catálogo vasco de especies amenazadas de la fauna y flora, silvestre y marina.

www.juntadeandalucia.es/medioambiente/habitats/indhabitat.html
Página que incluye información general, cartografía e imágenes, estadísticas, tablas y normativa acerca de la fauna y flora amenazadas de extinción en Andalucía.

Organizaciones ecologistas en España

www.greenpeace.es/hpage/home.asp
Página de la organización ecologista Greenpeace en España con las últimas novedades acerca de sus campañas de protección de las especies amenazadas de extinción.

www.wwf.es/home.php
Página de la asociación ecologista W.W.F./Adena, en España; es una activa defensora de la fauna y flora en peligro de extinción.

www.tierra.org
Página de la rama española de la organización ecologista Friends of Earth International, con sus actividades para la preservación del medio ambiente.

www.ecologistasenaccion.org
Página de la confederación de 300 grupos ecologistas en España con las últimas noticias sobre el tema.

Índice

Las cifras en *cursiva* remiten a las ilustraciones.
En las páginas en **negrita** se desarrolla el tema indicado.

Créditos de las ilustraciones

Fotografías

4-5 © S. Cordier/Jacana; 6 © Y. Gladu/Jacana; 8 y 9 © A. Guerrier/Jacana; 10 g © H. Chaumeton/Janaca; 10 d © H. Chaumeton/Jacana; 14 © H. Chaumeton/Jacana; 15 © Yves Thonnerieux; 17 © Photo12.com-OASIS; 19 © C. Haagner/Jacana; 20 © R. Konig/Jacana; 21 © Jacana; 23 © I & V Krafft/Hoa qui; 25 © Yves Thonnerieux; 26 © Yves Thonnerieux; 27 ht © Yves Thonnerieux; 27 abajo © Yves Thonnerieux; 28 y 29 © Yves Thonnerieux; 30 © Yves Thonnerieux; 31 © W. Wisniewski/Jacana; 34 abajo © Yves Thonnerieux; 34 arriba © Yves Thonnerieux; 35 © L. Gubb/RAPHO; 36 © Grinberg/Jacana; 37 © Y. Gladu/Jacana; 38 © G. Soury/Jacana; 39 © D. Guravich/PHR/Jacana; 40 © Yves Thonnerieux; 41 © Yves Thonnerieux; 42 y 43 © Yves Thonnerieux; 44 © Yves Thonnerieux; 45 © Yves Thonnerieux; 48 ht © Yves Thonnerieux; 48 bas © Yves Thonnerieux; 49 © Yves Thonnerieux; 50 © Yves Thonnerieux; 51 © Yves Thonnerieux; 52 © Yves Thonnerieux; 53 © Yves Thonnerieux; 54 © P. de Wilde/Hoa qui; 55 © Yves Thonnerieux; 56 © AFP; 57 © Yves Thonnerieux; 58 y 59 © Steinmetz/Cosmos; 61 © Yves Thonnerieux; 64 © Yves Thonnerieux; 65 © Yves Thonnerieux; 66 © S. Cordier/Jacana; 67 © P. de Wilde/Hoa-Qui; 68 © Yves Thonnerieux; 69 izq. © M. de Fraeye/S.P.L./ COSMOS; 70 © Yves Thonnerieux; 71 arriba © Yves Thonnerieux; 71 abajo © D. Brandelet/Jacana; 72 © Yves Thonnerieux; 73 © Yves Thonnerieux; 74 y 75 © Yves Thonnerieux; 76 © Yves Thonnerieux; 77 ht © P. Wild/Jacana; 77 abajo © Yves Thonnerieux; 80 © Varin/Visage/Jacana; 81 © Yves Thonnerieux; 82 © Yves Thonnerieux; 83 © Yves Thonnerieux; 85 © Serraillier/Rapho; 86 arriba izq © Yves Thonnerieux; 86 arriba d © Yves Thonnerieux; 86 abajo © Yves Thonnerieux; 87 © Yves Thonnerieux; 88 © Yves Thonnerieux; 90 © N. Wu/Jacana; 91 © Yves Thonnerieux; 92 arriba © Yves Thonnerieux; 92 abajo © Yves Thonnerieux; 93 © Yves Thonnerieux; 94 © Dr. J. Burgess/S.P.L./ Cosmos; 95 © Yves Thonnerieux; 96 y 97 © Yves Thonnerieux; 98 © G. Ziesler/Jacana; 99 © K. Amsler/Jacana; 102 d © Yves Thonnerieux; 102 d © Yves Thonnerieux; 103 © Yves Thonnerieux; 104 © A. Raimon/Jacana; 105 izq © Yves Thonnerieux; 105 d © Yves Thonnerieux; 106 © J. Poulard/Jacana; 107 © J.-P. Thomas/Jacana; 108 © Yves Thonnerieux; 109 arriba © Yves Thonnerieux; 109 abajo © Yves Thonnerieux; 110 © Yves Thonnerieux; 111 © Yves Thonnerieux; 112 © C. Dumont/REA; 113 arriba © Yves Thonnerieux; 113 abajo © Yves Thonnerieux; 114 © Yves Thonnerieux; 115 © Manaud/Icone/Hoa-Qui.

Dibujos e infografías

Archives Larousse, Chantal Beaumont, Paul Bontemps, Jacques Cartier, Jean-Yves Grall, Vincent Landrin, Jean-Marc Pau, François Poulain, Dominique Sablons, Denise Weber